我的一天從4點30分開始

當你酣睡時，有人已醒來實現夢想！

金有真——著
黃莞婷——譯

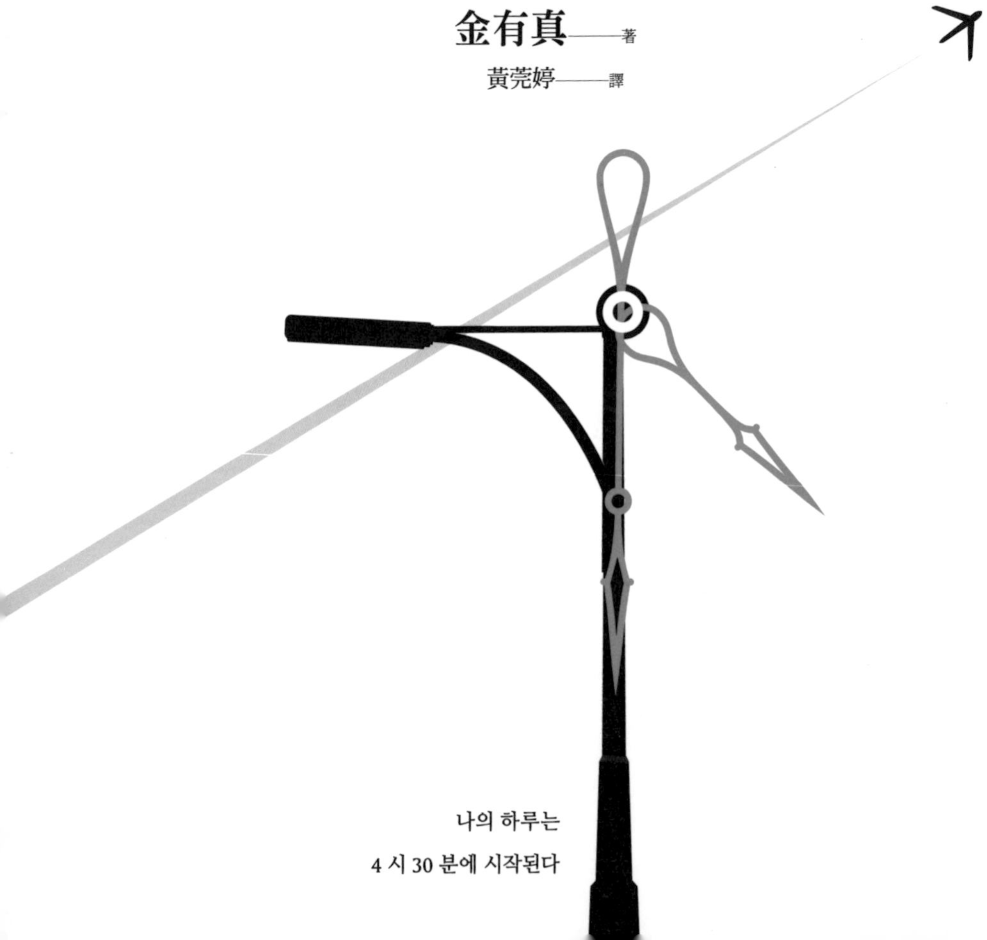

나의 하루는
4 시 30 분에 시작된다

起床吧，人生將變得不同！實踐凌晨起床的真實紀錄

多虧有真，過去三個月我五點起床，起床後能利用的時間自然而然變多，我想做什麼就能做什麼。雖然一開始常感到不適，在床上掙扎著爬不起來，但過了一段時間，就像魔法一樣，我靠著自己的力量起來了。現在我覺得起床後的時光如此珍貴，並期待著幾個月後的未知未來。

——溫＊＊

我以前八點起床，現在實踐五點半起床將近兩個月。第一個禮拜很累，後來習慣了，就算晚睡、沒聽見鬧鐘，但五點半左右一定會自動醒來。我起床後會花三十分鐘出門慢跑或散步，再回家送小孩上幼稚園，準備太太的便當，再準備去上班，時間綽綽有餘。各位也試著挑戰一個禮拜吧。

——秒＊＊＊＊

我實踐清晨四點起床快一個月，中間大概有兩、三天爬不起來，偶爾會感到吃力。今天早上手機關機，鬧鐘沒響，我還是準時起床了。真心覺得早起的那一天一切都如我所願，能按自己的意思度過。感謝您今天也透過影片給了我勇氣與力量。

——智*****

我有一陣子受慢性疲勞症所苦，前兩個禮拜試著實踐清晨五點起床。雖然我還不清楚早起要做什麼，只是隨意做了些運動和看了幾頁書，卻感到自己跟過去變得不一樣，有了做事的欲望，比睡到中午還要有精神，以後我會繼續努力的。其實，如果不是看您的影片，我想都沒想過清晨五點起床。在此留言表達謝意。

——y*******

我看了您的影片後挑戰清晨五點起床，今天第一次成功。早起讓我很有成就感，度過了充實的兩小時。我一睜開眼就刷牙洗臉，邊喝喜歡的茶邊看您的Vlog，順道整理了今日行程。我懷著感恩的心寫了這一長串的留言，影片真的帶來了巨大力量。我會一直支持您的。

——車**

不知道是不是我正值終日疲乏又沒毅力的二十五歲，經常下了決心又放棄，因此老覺得自己比別人差勁，很自卑，茫然無目標。我以為自己會繼續過著無意義的每一天，直到偶然間看見了您的影片。起先我覺得您跟我是過著不同生活的人，但看著影片，我也回顧了自己的人生。雖然有些生疏，但我正在試著創造規律的日常生活。以前希望十年後的未來不要到來，現在我希望十年後的自己，能成為像您一樣熱情又勤勞的人。謝謝您。

——L**** ***

一到放假，我的疲憊感就變得更嚴重，不知道如何克服。不過，看完您的影片後，我獲得很大的鼓勵，重新審視了自己。謝謝您。

——E*** ***

職場人際關係令我心累，但慢慢地看完您的影片後，找出了自己目前沒能做到的事，那就是專注自我。為此，最近我開始利用午休時間做運動，下班後精進英文。這是在我認真思考後最想做的兩件事。這都是托您的福。

——E**** ****

最近看了您的日常影片，感觸良多，我從中學到善用早晨時間的技巧，獲得早起的好處，並找回了生活主導權。過去成天忙於瑣碎雜務的我，如今學會排列事情的優先順

序。在看完這支影片後，我刪除了Instagram帳號。謝謝您激勵了我。——Y*********

我要向您表達感謝。過去的我終日惶惶不安，什麼都不想做。在機緣巧合下看見您的影片，當天我立刻挑戰四點三十分起床，維持了三個禮拜，自信感倍增！現在我也開始拍攝早起影片，寫早起日記，人生變得截然不同。我在準備出門時會播放您的影片，真的產生了能量！真的很感謝您。——S*******

目錄

PART 2

4點30分，遇見全新的自我

PART 3

讓我一點一點成長的方法

PART 4

改變人生的早晨計畫表

序言

如果早起，就能過更好的人生

日常從每一天累積而成，如果你不滿意最近的生活，哪怕只有今天一天，也試著活得跟昨天不一樣，怎麼樣呢？向自己喊話吧。

「今天開始特別的一天吧。」

讓一天變得不同很簡單，就是比平常早起一點，整理床鋪，吃早餐。不要睡了懶覺後，才匆忙起床追趕新的一天。而是放慢步調，享受早晨的悠閒，相信你就能展開和昨天不一樣的今天。還有，把改變的每一天累積起來，日常就會變得不同。

我在清晨四點三十分，比其他人更早開始一天。得益於此，我在工作之餘還能挑戰新的事物，享受興趣愛好，寫書，過嚮往的日常生活。當然，我並沒有因此懈怠工作。

有人會問我早起不累嗎？當然累。儘管我實踐晨起好一段時間，不過醒來的瞬間，身體還是會重如千斤。但我清楚知道，假如無法戰勝起床的那瞬間，找各種藉口繼續睡下去，會一直活在一樣的生活裡，想到這，身體就自然地醒來了。

在我通過律師考試成為上班族之後，日復一日過著與期待相反的日常。早上睡眼惺忪，拖著疲憊的身體去上班；下班後太累了，什麼都不想做，唯一的樂趣只有看電視發呆，不然就是滑手機看沒有意義的社群網站和上網。我不清楚自己是得了慢性疲勞症還是憂鬱症，總是無精打采。我只知道自己迫切需要變化，不是單純地改變髮型、買新衣，而是創造專屬於我、能改變人生的特別瞬間。

雖然意識到這一點，但我想不到什麼特別的方法來改變人生。在我還是學生的時候，繁重的課業讓我無暇留意怎麼自我管理、掌控人生，以為進入職場就能隨心所欲做自己想做的事。然而，現實沒那麼簡單。上了班的我什麼都不想做，哪來的變化可言？這時，晨起送給我人生的獎勵時間。

因為是無人打擾的清晨，沒有任何藉口阻止我早起。而早起加長了一天的清醒時間，我有大把時間能完成工作和想做的事，就算晚上臨時有約、加班或行程變動，也不用特別改變原定計畫。根據如何利用早晨時間，當天能做的事與給自己的機會也有所不同。

不過，這不代表我強迫自己變成晨型人，逼自己少睡早起，折磨自己，更沒有縮短睡眠時間。早起的我也沒有做特別偉大的事。

我清晨四點三十分起床，在額外獲得的時間審視內在自我，思考現在想做和未來能做的事。我不把自己限制在律師或上班族的身分，不設限機會，從而發現了改變，享受每一天。原本只在腦海中描繪的模樣成為現實，我的人生也徹底改變。

上天給每個人一天二十四小時，如何利用時間取決於自己，我不是要你思考如何更妥善利用時間。如果過去因忙碌的現實而失去屬於自己的時間，這本書會告訴你怎麼找回它；如果你希望暫時放下心中的痛苦與煩惱，再次走向外面的世界，這本書會成為你的墊腳石。我衷心替你的全新變化加油打氣。

PART

1

早晨
不會背叛你

CHAPTER 1

早起的那一天，一切都變了

二〇一七年，我結束美國學業並在法院做了一年實習助理後回國，受僱於韓國大企業，開啟了律師職涯。夢寐以求的律師執照與夢想的職場，過上安穩生活的我像擁有了全世界，想到從此揮別讀書、考試，真的太幸福了。我曾天真地以為只需認真上班，人生便不會有什麼問題。

我的一天如同其他上班族般平凡地流逝。為了搭六點三十分的公車，我早上六點起床洗漱，利用通勤時間補眠或看網路新聞，上班時處理業務的空檔就和同事偷閒休息，偶爾在他們的側目中準時下班，約朋友吃炸可（炸雞和可樂，我不喝酒），或是回家狼吞虎嚥地吃晚餐，為了隔天上班而早早上床。

起床、整裝上班、到公司、工作，一樣的單調日常維持了好一陣子，頂多偶爾下班後拖著疲憊的身軀，逼自己上健身房鍛鍊，再回家吃晚飯，然後立刻倒頭睡死。

我不討厭這種生活，反而認為規律的日常是理所當然的。我現在不是學生，而是一名律師兼上班族，我認為只要不做新的挑戰或特立獨行的行為，認真上班就不會有任何問題。不只是我，同事好像也過著相差無幾的生活，安分工作，平凡度日。

如果說成為上班族後有什麼不一樣的話，那就是平日與週末我會強迫自己睡久一點。因為我擔心疲勞累積久了會影響工作效率，一逮到機會就該好好休息才對。

不過事實是，我覺得如果再不多休息，搞不好哪天就會過勞死。過去幾年，我忙著考法律系，使學業成績維持在一定水準、準備考試及就業，絲毫沒有休息的時間。等到好不容易成為律師，職場生活卻出乎意外地比備考時更疲憊，我有了「累到不能再累，再努力也不會更好，得盡量多休息才行」的想法。於是，就這麼放任自己耍廢。

在難得的休息時間，我不會特別做什麼，只會和床融為一體，滑朋友的社群網站或看娛樂八卦。因為週一又要努力奔跑；因為不是只有我在休息；因為大家都是這樣生活的！

可是，不管我怎麼休息充電，能量永遠充不滿。隨著時間過去，我常感倦怠、煩躁、情緒低落，有時更飽受失眠困擾，或忘記吃晚飯只睡覺。什麼都不想做。

我意識到自己變得奇怪是在某個平凡的早晨。一進公司看見桌上的筆電便不自覺地落淚。沒人折磨我，我卻喘不過氣。我匆忙躲進洗手間，怕被人發現我在哭。我邊喃喃自語「呼……哭什麼啊」，邊洗臉。鏡中映照出自己的模樣，糟得不像話。

我逐漸變了，不知道從何時起，只要能熬過一天就感到心滿意足。負面想法緊勒著我的喉嚨。下班後確認上班時有沒有犯錯；工作能不能做得更好；反覆確認明天上班要交的文件是否準備好。從睜眼起床到閉眼入睡前，我不停擔心還沒發生的事，越來越疲憊。時間不夠用成了口頭禪，儘管補充了各式各樣的保健食品，仍然擺脫不了倦怠感。

還有，不知道是不是因為久居國外，我常被同事指責這裡不對、那裡不對。在美國不會引發問題的行為，在韓國造成誤解的情況屢見不鮮。所以，我和同事及韓國朋友聊天時，總是因擔心犯錯而緊張。我覺得自己做什麼錯什麼，說什麼都會被負面檢視，無意間習慣看別人臉色行事，和親朋好友對話的時間也因此減少。好像沒有人會接納真正的我，這使我很沒自信。過去因龐大的學業壓力造成的心理疾病，在經歷社會的冷酷磨練後再次復發。雖然我向律師同事、職場前輩與朋友吐露心聲，卻得到了下列回應：

「很正常啦，我們的工作就是這樣啊，能怎樣？」
「金律師，公司是不允許這樣的。」
「有真，在韓國不能做出這種行為。」

最後我忍無可忍地爆發了。某天晚上，我在公司群組聊天室發洩了這段時間以來的怒氣。隔天一上班，我立刻被組長叫去訓話。滿腹委屈的我別說反省，反而下定「兩週內辭職」的決心，離開了公司。

清晨的寂靜帶來的能量

明明一有空就補眠，為什麼早上起床還這麼累？我的能量都蒸發到哪去了？花多少能量就能充回多少能量嗎？為什麼這麼疲乏無力？是因為工作與個性不合嗎？問題出在公司嗎？我需要休假或旅行嗎？我想破頭都想不出具體答案。

某一天，我清晨四點半睜開了眼，換作平時應該會睡回去，偏偏那天特別清醒。一想到要上班就全身不舒服，於是我泡好紅參茶坐到餐桌前。久違的靜謐清晨，靜到有種嗡嗡的聲音迴響耳邊。

我想著，「難得早起了，要不整理一下桌子吧？」於是起身，拿了抹布後卻馬上放下，「唉呦，反正週末要打掃。」那看本書？目光掃過書櫃，想到在公司也整天看東西，實在不想一早起來又看，於是打消了念頭。決定去運動，結果又轉念，「冷死了，幹麼做運動？」再度放棄的我不想做任何事。我不清楚那是慢性疲勞症，還是累人的職場生活造成的憂鬱症，總之，那天我特別想喝熱茶，享受寧靜時光。

不過，小坐片刻就產生了微妙的安全感。真的是久違的獨處時光。我自然而然地對自己吐露了長久積累的消極想法與不安。一番靜思下，我終於明白自己在不滿什麼。我不滿到了新環境沒能快速調整好心態，在公司看到其他同事不自覺心生比較，「我也應該那樣做嗎？」「我也該打扮得跟其他人一樣嗎？」「我該用那種方式說話嗎？」就這樣失去了自我。我把目前遇到的問題、原因、解決方案和結論寫在紙上，逐一整理思緒。幾個月來，無論我多努力工作卻沒有半點成就感，跟朋友見面也開心不起來。心情亂得就像堆滿不必要文件的書桌，我想整理心情與混亂的人際關係。

那個清晨，我放任自己什麼都不做，只是靜靜地整理腦中思緒。它變成我撫慰自己的時光。對於過去不清楚所思所求的我，按下了暫時停止鍵，這是整頓生活的機會。我望著旭日東升，心底吶喊：

「沒錯，今天也要加油！」

我愉快地踏上上班路，到公司向同事開朗地打招呼：

「大家好，我是金有真。請忘記昨天的我，我今天重生了。我會更努力的！」

「哈哈，律師您為什麼突然這樣？您沒事吧？」

雖然大家的反應出乎意料，但我還是很開心。是因為清晨時承認了自己的不足之處，下定決心要好好生活帶來的效應嗎？明明不是星期日，心情卻如此暢快。

隔天我也比平常提早兩小時起床，擁有了屬於自己的時間。我在紙上寫下內心真實的想法，細思讓我生氣的是什麼、該遵守的底線標準是什麼、能放棄的和不能放棄的是什麼，以及想要的是什麼。我後退一步觀察與檢視自我，開始了一天的生活。

我整理並找出了以上種種問題的答案，但隔天、大後天、大大後天，照樣早起。會早起原先是因為下班後什麼都不想做，早早上床睡覺才導致的意外，如今，逐漸地成為我的習慣。從早起獲得的即時正回饋，是我愛上早起的原因。

雖然我的工作內容與職場生活沒有太大變化，但只是單純地提早起床，開始新的一天，許多事都變得不同。我再也不用擔心上班遲到，可以從容地檢查自我狀態再出門上班。還有，我每天用全新開始的心情回顧自我，就像換季時得整理衣櫃才能迎接新季節一樣，我的心情變得無比輕鬆，過去睡再多也充不飽的能量也被充飽了。如此看來，我的生活沒想像中糟糕。

到頭來，我沒有辭職。我不清楚真正的原因，也許是因為有了支持我的力量，也許是因為我真的變了，又也許是因為愉悅的心情。總之，我對職場生活有了信心，不再把公司的事當成「我該做的事」，而是「我能辦到的事」。

以前我會看人臉色問：「組長，我現在做得好嗎？如果有做錯的地方，請告訴我。」現在我會主動開口說：「我可以打贏這次訴訟，請放心交給我吧！」面對我的豪言壯語，組長偶爾會不安回應：「有自信很好，不過，請不要對常務說那種話，我怕常務會期望過高……」果然公司還是公司。

人們會對每天早起的我說：「看起來好忙，活得輕鬆一點吧！」「休息一下吧。幹麼活得這麼認真。」我確實很忙，也確實活得很認真，但不覺得累。

說真的，我活到現在沒有一件事是天上掉下來的，我要活得比別人更努力、更堅忍，才能獲得想要的事物。我猜以後還是得這麼做。相反地，有人過著跟我截然不同的生活。我不是他們，無從得知他們的真實感受，起碼就表面看來，我得跑一大圈、氣喘吁吁才能抵達目的地，他們卻比我更容易獲得機會，遇到困境也總能迎刃而解。我既好奇他們是怎麼辦到的，也為人生不公感到委屈。

但是，隨著時間過去，我領會了自己的人生有何優點。人們極力避開的辛苦之路，我早已走過，甚至走了好幾次。在那條路上屢屢摔倒又爬起的我，學會怎麼在看不見盡頭的孤獨黑暗中尋找樂趣，也知道怎麼面對前路的種種阻礙，卻不停下腳步，堅持往前跑，直到喘不過氣為止。早起是使這個過程變得可能的支柱。

人們以為我在清晨四點三十分起床是為了多做點事。其實對我來說，清晨不是榨乾自己的時間，而是暫時充電的休息時光。換言之，與其說清晨起床是努力生活的方法，不如說是繼續努力生活的手段。太累的時候，在靜謐的清晨喝杯熱茶，聽喜歡的音樂，補充能量；在不安、憂鬱的時候，透過專屬於我的清晨時光，找到安全感。

這種晨起效應不單是我的故事。實際上，早起確實對精神健康有正面影響。根據某項針對七十萬人基因分析的研究結果顯示，相較沒有晨型人基因的人，擁有晨型人基因的人罹患憂鬱症的風險低，主觀幸福感也更高。人類的生理時鐘略長於二十四小時。不過因為我們視網膜的感光細胞會感知光，每天早晨會自動調控二十四小時的生理時鐘，幫助我們適應日常生活。

人們認為休息就是補眠，或是去遠處旅遊，但我藉由早起開始享受生活，學會在日常尋找悠閒時光的方法。當然，旅遊也是充電方法之一，不過，旅行得考慮住宿費、安排觀光行程和尋找餐廳，這些事會消耗能量。與其說旅行是一種休息，倒不如說它會逼使自己得起身做點什麼。

相反地，平凡的事，像是搭公車上班時小瞇片刻；和同事一起吃午餐，悠閒喝咖啡，獲得短暫的休息；下班後吃美味晚餐，或用溫水沖澡後躺入溫暖的被窩，回顧一整天，都能使心靈變得豐盛。我週末會坐在公園長椅看來往人群、上網，尋找新的挑戰，享受微小的樂趣。

也就是說，休息的品質不取決於身體的行動，而是取決於大腦與心的感受。哪怕只提前一點起床，一旦體驗過所謂的真正閒暇時光，就能輕鬆找到日常空隙，暫時放空複雜的心靈。

沒有比放空大腦、靜下心，更接近真正意義上的休息，我最能切實感受到此一真理的時刻就是清晨。每個人一定都有替自己有效充電的方法。請大家好好思索早起是不是真的能讓你安適愜意。

傑出人士的早晨習慣

人生無法預測，生活中會碰到意想不到的問題。我仿效世界強者整理床的方法，發現了兩個有效克服生活中驚滔駭浪的方法。兩個都是在早晨做的事。

第一，讀幾頁哲學書，像是羅馬帝國皇帝馬可·奧理略的著作《沉思錄》。

第二，做一些能由我主導的事。

由我主導的代表事例就是整理床。人生中，起碼有一件事能被我控制，帶來比想像中更大的慰藉與助益。在結束一天行程後，最後要做的事就是「回到自己能實現某些事的地方」。當我回家看見整齊的床，心情會變得平靜，自信也跟著提升。整理床是早上能做的最棒的事。

——心靈勵志專家，提摩西·費里斯

CHAPTER 2

我在清晨四點三十分起床的理由——由我主導的時間

人們問我：

「為什麼這麼早起？」

我回道：

「因為早起讀書，我才能邊上班邊通過想考的考試，靠著堅持運動，減肥成功之餘，身體還變得很健康。我還學會怎麼剪輯，經營起YouTube頻道，又透過自我審視，提高了自尊與自信，我怎麼可能放棄早起呢？」

然後，他們又會問我：

「為什麼偏偏是清晨四點三十分？下午不是也可以做那些事嗎？」

我稱清晨為「由我主導的時間」，稱此外的時間為「交給命運的時間」。

仔細想想，一天之中能單純按自己的意志行動的時間並不多。從早到晚，出乎計畫的意外事物經常奪走我的專注力和時間。

但在所有人沉睡的清晨，計畫被打亂的機率少之又少。不會有人突然打電話來約吃飯，也不會有人拜託分外事，不會有人找聊天，更不容易發生奪走注意力的趣事。沒人在意我，我也無須在意任何人。清晨是完全能按自己的步調，自由利用，專屬我的時光。

只要早起就能產生閒暇時光，也就是說，只要遵守與自己的約定，隨時都能獲得額外的時間。而且起得越早，由我主導的時間就越長。

我喜歡清晨四點三十分起床的另一個理由是，做事更專注。無論是什麼事。正如前面所說，清晨不會有妨礙，加上剛睡飽，比起結束一天行程、萎靡不振的晚上，精神更好。

在我還沒實踐清晨起床的時候，下班後擁有的時間不算少，奇怪的是，下班後就變得什麼都不想做，嚴重時連回家的力氣都沒有。就算一覺睡到天亮，上班時還是會覺得筋疲力竭，工作到晚上，精神又變得低迷。相反地，清晨充滿了動力，讓人想挑戰平常想做卻沒做的事。

讓一天變得更愜意，也是我喜歡晨型生活的理由之一。說來理所當然，只要提前做完該做的事，就能享受悠閒的夜晚時光，結束一天。還有，早起的話，就算因為身體不舒服而休息；或是想做的事比預期更花時間；或是計畫忽然更動，該做的事沒能做完，想到晚上還有第二次的補救機會，就不會心浮氣躁。

也許有人會懷疑，真的有可能沒聽見鬧鐘，且沒人要求卻自動早起嗎？只要有成功早起過一次的人，一定會懂早起的優點，自動自發地起床。不用每天也沒關係，哪怕一星期只有三天早起；也不用非得四點三十分，只要比平常早起一小時，就能度過比平時更悠閒的早晨。在正式展開全新的一天之前，只要擁有一小段屬於自己的時光，再短暫也沒關係，人生滿足度就有天壤之別。這是因為不用被時間追趕、被時間牽著鼻子走，能主導自己的生活。

清晨請把自己放在第一位

就像變胖後我們會控制飲食、做運動一樣，早起是我厭倦工作或需要改變生活的時候常使用的特別手段。在憂鬱或疲憊的時候，比起反省，我們更容易把錯怪到令自己難受的狀況。有時候我們會整天賴床，或拖延待辦事項、逃避現實，就是如此。極端時，有些人會沉迷賭博或過分依賴酒精、遊戲，或他人等外部要素。

我不覺得人生一定得避開辛苦期，因為辛苦期說不定會帶來人生的轉捩點。比起遇到苦難和逆境，我們要擔心的更大問題是，假如重新站起的時刻到來，我們會不會因為囿於困境，而難以回歸日常正軌呢？這時候，早起有助找到答案。

以我來說，從清晨四點三十分到上班之前，是消除工作壓力的療癒時光。在專屬的晨間時光中，我不用看別人臉色或顧慮別人，能專注於內心的聲音，而非外部刺激，從而克服傷痛，觀察到逐漸變得不同的自己。

我設定四點三十分起床沒有特別理由，純粹覺得前一天大概十點上床睡覺，睡眠品質會比較好，四點三十分起床也不會覺得累。四點三十分起床，不用急著做什麼，就算動作比平常慢，約會或上班也很少因此遲到。悠閒地睜眼，點起香氣繚繞的蠟燭，聆聽輕音樂，坐在桌前喝咖啡，也不到五點。

早上有空的話，我會整理平常無暇整理的棉被，擦拭書桌上的灰塵，沖個久一點的熱水澡，放鬆一下緊繃的肌肉，或用護髮素照護一下沒空照顧的頭髮，吃完來不及吃的早餐。如果時間有剩，我還能準備午餐便當。自從學會利用早晨後，我了解怎麼珍惜上天賜予我一天和自己的方法，自然提高了自信。

這一切都是因為我把自己放在第一位。擁有獨處時間，跟把自己放在第一位是不一樣的。如果說前者是為了使自己擁有安全感而度過的閒適時光，後者就是隨心所欲、做自己想做的。也許看起來自私，這段時間我會自在地行動，尋找自我。

不要一睜開眼就急急忙忙地準備上班，用自己喜歡的事開啟新的一天吧。度過像週末一樣的早晨。我在清晨會聽音樂、喝茶，看喜歡的電影或電視節目。假如有新目標，我會投資時間，實現目標。無關公事，把自己想做的事和計畫列為優先。

如果生活需要刺激，或覺得心煩意亂，又或者變得懶惰的時候，我會檢視生活方式，比平常更早起床，把自己放在第一位。比起無條件地往前跑，在安靜的清晨停步，喝杯熱茶，檢視自己，確認停留過的地方有沒有整理好、有沒有照顧好自己的健康等。來吧，從今天開始改變吧！

傑出人士的早晨習慣

我晚上睡滿八小時，早上不需要鬧鐘就會自動起床。對我來說，自然醒是開啟一天的最佳方式。

我將睡眠時間視為神聖不可侵犯之領域。
首先，我會關掉所有電子用品，把它們放到臥室外。
然後點起蠟燭，放鎂鹽泡澡。
睡覺的時候不穿工作時的便服，
穿睡衣、睡袍或舒服的T恤。
因為我認為那可能會造成大腦混亂，
誤以為不是就寢時間。
我也會喝洋甘菊茶或薰衣草茶。
還有我非常喜歡讀詩或小說等跟工作無關的書。

我不是會吃早餐的人。人們通常會用防彈咖啡打發早餐，到了中餐或晚餐才正式用餐。我也會做二十到三十分鐘的靜心和運動。沒能執行晨間例行公事時，我會很自責，努力不讓一天剩下的時間受到不良影響。

——《哈芬登郵報》創辦人，阿里安娜．哈芬登

CHAPTER 3

在你沉睡時，其他人已經開始了一天

光是清晨四點三十分睜開眼，我的人生就變得不同。不僅是因為早起能提早完成晚上要做的事，而是因為比起睡覺做美夢，我努力早起實現夢想。

朝夢想前進的方法千百種，其中之一是跟走過自己想走的路的人直接溝通。實現目標需要實質性建議與正向情緒的刺激，驅使自己見賢思齊。不過，那些人大多不認識我，我得主動去聯絡對方才行。我衝動地聯絡了平常想見的知名人士和尊敬的人。在我還在念法律系的時候，如果清晨沒有特別要做的事，一星期中大概有兩天會發郵件給平時想交流的人。我發信的對象都是平日很尊敬的法律人士，以及日後回到韓國想拜見的律師。如果找不到對方公開的電子郵件地址，我也會寄到他們公司的電子信箱。

一開始很擔心會不會失禮，我跟那些人的身分地位是否過於懸殊，但我告訴自己，我是個學生，本來就有很多不懂的地方，而那些人都是大忙人，如果他們真的沒空回我，會自動忽略，沒必要杞人憂天。想到這裡，我不再考慮對方的名氣有多大，或人家會不會想回我信，反過來利用學生的身分，盡情請益想請教的事。也許這樣看起來像個傻瓜，也許做這些事可能很沒意義，但「世事難料」，我選擇種下一顆顆不知道何時會發芽的種子。

驚奇的是，我曾收到回信，甚至有幾位律師爽快地接受了喝咖啡的邀約；有人成為我的導師，有人引薦熟人給我認識。我以為這些名人平時會收到很多學生的求教信，見面後才意外得知，事情不如我所想。

我也曾經獲得驚喜的機會。有一次我發郵件給平日景仰的律師，詢問對方是否有空與我見面，然後收到了意外的回信。

「明天早上六點半有沒有空到市區餐廳？」

六點半？我怕自己誤解郵件內容，再次確認。

「您說的是晚上六點半嗎？」

「不是的，是早上六點半。」

隔天早上六點二十五分，我抵達約定地點。怎麼回事？除了我聯絡的律師之外，該地區的法官、檢察官和其他律師事務所的律師，一大早都出現在那了。那瞬間，我還以為自己找錯地方。

後來才知道那天是女性法律工作者的定期聚會日。大家平時上班都很忙，很難挪出時間，所以利用早晨聚會。我竟然和只在報章媒體上見過的人一起吃早餐，表面裝得若無其事的我，心底緊張又激動。

到現在還是不知道哪來的好運，我只是早起，通過考試，寄電子郵件給想共事的律師事務所代表律師，早上六點半準時赴約，就幸運地和憧憬已久的人對話。其中一名聚會成員對我說：

「如果早起不累，就常來吧。除了這個聚會之外，我們還有很多別的聚會。這個聚會是從早上七點開始。」

「沒問題，我隨時都能來！」

我充滿自信地回答。那時我的課大多從上午八點或九點開始，六點半參加聚會絕對不成問題，而且每星期能獲得一到兩次機會，親自了解平時當成偶像的法律人士生活。這可是書中絕對學不到的現實教育。

法學院畢業後，我進入法院工作，揮別了學生身分，成為社會人士暨法律人士，和聚會成員一起在上班前喝咖啡、吃早餐，而變得更熟悉，聊天話題也有了更深刻的共鳴。

就算工作再忙，大家都維持著友好的前後輩關係，到現在還是會互相給予忠告與幫助。

像這樣，清晨會發生的事比想像中多。在我睡得不省人事的時候，有人為了實現我想實現的目標，認真學習著；也有人先一步抵達我想去的地方，並朝另一個目標奔跑了。對那些人來說，清晨不是睡眠時間，是行動的時間。

如果你老是覺得疲憊，一直躺在床上，就無法改變任何事，想跑也跑不遠。但如果你能重新振作，挑戰新的事情，那麼，超乎想像的機會將找上門。那時候，你再也不需要害怕失敗，因為清晨起床這件事本身，已經讓你領先別人一步了。

每個人都被賦予了相同的一天，而如何使用一天取決於自己。你的決定將改變你的人生。

清晨，打開全新大門的時刻

在我的求學生涯中，從沒單純地當過學生。在回到韓國就業之前，我半工半讀，上大學時在校內打工；上法學院時在律師事務所兼差；從法學院畢業後，邊準備律師資格考試，邊在法院上班。工作與讀書並行不容易，而我的祕訣就是，積極利用清晨時間。

你有沒有想過現在的工作，和大學主修科系完全沒關係？你有沒有想過認真地把某項興趣發展成職業，不再單純當作嗜好？我相信一定有人渴望新挑戰，卻害怕放棄現在的工作，默默地等待恰當的時機，又擔心在等待中錯失大好機會。如果你想果敢地挑戰夢想和目標，卻有一些不可避的現實因素，像是家人或公司等，那麼我大力推薦你實踐清晨早起。

透過清晨早起獲得的時間，是人生的獎勵時間。在這段時間，有你非做不可的事，包括公事和學校作業等。在這段時間，不管做什麼都不會造成損失。清晨不用做被人強迫的事，可以做自己想做卻沒空做的事。

如果你平常真的忙得不可開交，請嘗試在清晨做平常只能想像，絕不可能付諸行動的事。天亮的同時，你將看見機會。你只需抓住那分幸運就行了。

我在清晨挑戰了形形色色的事，當然有不順利的時候，不過，大多時候獲得了奇蹟般的結果。

我在上法學院時，曾因夏季暑期實習，承受了很大的心理壓力。我有幾家嚮往的律師事務所，因為實習職缺競爭太激烈，我壓根不敢遞出成績單和申請文件，就連幫助學生找實習的學校生涯顧問也說，以我的成績和資歷，申請那些律師事務所不過是浪費時間，並熱心地替我列出其他有機會錄取的地方。

我擔心沒找到暑假實習工作，會錯過累積律師事務所實務經驗的機會，於是請生涯顧問推薦清單上的幾家事務所，交出了履歷與自我介紹。我去那幾家事務所能學到很多東西是無庸置疑的，但問題是，它們的專業領域不是我感興趣、不是我真的想去的，我想學習訴訟領域的實務經驗。

即使交了申請書，生涯顧問的話仍不斷在我耳邊縈繞，「妳只是法學院二年級生，很難在專門處理訴訟案件的律師事務所實習，只有成績優秀、有訴訟案件相關經驗的學生才有機會。」生涯顧問並試圖說服我：「以妳現在的條件，就算申請了，十之八九在文件審查關卡就會被淘汰。」

我決定親自創造實現夢想的機會。那時候我上、下午都忙著上課、做作業和面試。我決定在不影響日常生活的前提下，創造挑戰夢想的時間。後來，我連續兩星期的清晨，根據每間律師事務所的專業領域，修改履歷和自我介紹。麻煩，但我認為是有價值的投資，而且反正是多出來的空檔做的，沒被選上也沒關係。也有可能是因為自知實力不足，怕丟臉，所以才選在清晨向嚮往的律師事務所與律師寄申請書。

一個星期後發生了驚人的事，竟有兩間律師事務所回信，一封通知我通過文件審查，要求回覆方便面試的時間；另一封是負責律師親自寄來的，說自己打算離開現在的律師事務所，獨立開設新事務所，詢問我一起工作的意願。真是太神奇了。如果我什麼都不做，絕不可能得到這種機會。我明知不可能，抱著反正不虧本的心態挑戰，結果推開了全新的大門。

最後，我參加了那兩家事務所的面試，也榮幸收到律師的私下聯絡，就此遇見了人生中最棒的恩師。我從恩師那裡累積了許多豐富經驗，做了很多沒做過的事，包括民事訴訟、各種刑事案件、和客戶開會、製作書面資料、證據調查、參加法院審判，所有事都是一對一學習。法學院學生能在暑假打工，親自體驗這些事務的機會少之又少，所以，我更用心地學習。多虧如此，在暑假結束後，我仍繼續與恩師一起工作，靠著累積的經驗，順利拿到法學院畢業證書，後來前往聯邦法院累積其他的工作經驗。

當時我有幸與之共事的律師，後來得到美國總統指名，成為美國喬治亞州聯邦檢察長。能與這樣了不起的人一起工作，我至今仍引以為傲。所有人都說簡直是天方夜譚，我自己在某種程度上也這麼認為。不過，抱著「反正是多出來的空檔做的事」的想法，莽撞一試，卻獲得了超乎想像的結果。假如我當初以不可能或忙碌為由放棄，現在的人生也許就不同了。

最近我還是會在清晨挑戰一些事。早起挑戰陌生事物會累很正常，很多時候也看不見目的地，更不會每次挑戰都有成果。不過，在獎勵時間失敗，不代表正式比賽也會失敗。你不需要多想還剩下多遠的距離，只要一步步地默默前行，當某天回頭一看，會發現不知不覺已走了很遠，領悟到這個事實的瞬間，就能獲得更大的力量。這就是清晨起床的真正魔法。

傑出人士的早晨習慣

我早睡早起，特別享受早晨的悠閒與愜意。我喜歡看新聞、喝咖啡、在孩子上學前一起吃早餐。對我來說，這種閒暇時光極其重要。

我的第一場會議會在早上十點之前，
我一定會把特別花腦力的會議安排在中午前，
並避免在傍晚做決定。
如果到了下午五點，
而我覺得「這件事今天好像決定不了」，
我會在明天早上十點重試。

我一天要睡八小時，這樣才能做出更好的判斷，睡眠充足能令我獲得能量，心情愉悅。當你是上司，未必每天有幾千個決定要下，不過，無可避免地得做一些重要的決定，而疲憊或煩躁時，決定的品質必然下滑。

——亞馬遜創始人，傑夫．貝佐斯

CHAPTER 4

不要想著走得快，而要早點開始

我有段時間信奉領先他人才是成功，也相信實現夢想有一定的時機，時機錯過不再來，因此，我事事爭先。

我小時候就移民了，高中因為個人因素回國。因為外國的教育體制與韓國不同，我得重上一次國三。我無法接受自己比同齡人落後一年，決定參加學力鑑定考試。

二〇〇四年，我靠著學力鑑定考試的成績，比其他人早一年進大學。我也不清楚自己在趕什麼，明明提前進入了大學，又希望能提早畢業。按我的計畫，畢業後會參加美國法學院入學考試，完成三年法學院課程，二十五歲就會當上律師。為此，我三年內完成大學四年課程，二〇〇七年畢業。

我的夢想與目標都很明確，做好了實現夢想的萬全準備，很清楚自己該做什麼、怎麼做。我想自己比普遍認知「幾歲的時候該做什麼事」的進度更快，實際上，我的步伐也很快，過著比誰都快的人生。

奇怪的是，事情沒按計畫走。我沒考到理想的分數，最終早早地進入了職場。薪資也沒想像中多。為什麼我一事無成？我到現在還記得那時候的自己充滿不滿，無法理解為什麼付出努力卻事與願違。

我以為超前所有人就能成功，以為只要設定好堅定的目標，徹底執行計畫就能如願以償。問題出在哪裡？在我成為律師之前，跨過了數不清的意外門檻、被數不清的絆腳石絆倒，也花了比預期更久的時間爬起，度過了更多的關卡。

只要早點開始一天就夠了

事情背離了計畫，在就業經歷了許多波折後，我重考了好幾次美國法學院入學考試才考進法學院。那時我已經二十多歲，害怕人生計畫繼續延宕，只好向不理想的成績低頭，選擇自己的分數能上的法學院。事實上，我得進一流法學院才能學到真正想學的東西。

我想著如果現在才進法學院，哪怕畢業後立刻通過律師考試，找到工作，也會超過三十歲。我確信自己錯過了實現夢想的時機，身邊不乏有人告訴我：「三十幾歲當律師太晚了……妳還得結婚吧？」或說：「直接進公司工作吧。」

不過，這些擔心是多餘的。我進法學院一看，裡面的學生年齡上至七十多歲，下至二十多歲。大家按自己的人生節奏生活，在各自適合的時期考進法學院。我才意識到原來自己並不晚。

從那時起，我不再著急，也不再搶先人前，但決定快點開始當下能做的事。儘管我入學比別人晚，但有自信能比別人更早開始一天。就這樣，我時常利用清晨讀書或寫作業，用優秀的成績結束了一年級課程。

憑藉一年級的出色成績，我順利進入夢寐以求的一流法學院，聽想聽的課，為將來的律師之路做準備。我在考律師資格考試的時候曾經名落孫山，再次挑戰時，早起也幫了我很大的忙，詳細過程會在後面說明。

說到底，活得比別人快不代表能更快地實現夢想，重要的是，在當下做能做的事。對我來說，早點開始一天是實現目標的真正方法。

實現夢想不分早晚。上天沒有規定所有人得在同一時期、同一時間達成目標。對某些人來說，機會的大門下星期開；對某些人來說，機會的大門則是幾年之後才開。

我們偶爾會迎來需要改變人生計畫與方向的時刻，但無須驚慌。因為全新的人生正從那一刻開始。

傑出人士的早晨習慣

我每天早上五點四十五分起床，接著叫醒三個兒子。我的早晨由忙得不可開交的簡單例行公事組成，直到送孩子上學為止。

我每天早上會運動四十五分鐘左右，
運動完直接換掉運動服。
運動有助我清醒地開始有活力的一天，
我常喝水，特別愛喝新鮮椰子水。
我會擦防曬乳，盡可能化淡妝。
晚上沒有約會時，我偶爾會不吹乾頭髮直接出門。

維持工作與生活的平衡不容易，而我不認為只有一種方法能做到。每個人都有自己重視的價值，也有自己的解決方法。對我來說，我已經定好了優先順序。我的三個兒子最優先。

——時尚設計師，托里・伯奇

PART

2

4點30分，遇見全新的自我

CHAPTER 5

在四點三十分起床的方法

清晨四點三十分，鬧鐘響起。我有兩種選擇，現在起床，刷牙、洗臉、沖澡，喝熱茶，開始昨天計畫好的一天；或是不管鬧鐘，繼續睡，回到和從前一樣的日子。這一刻的決定會改變日後的生活。

愛賴床的人很喜歡和自己對話，用各種藉口自我合理化，好比「現在起床能改變什麼？」「多睡五分鐘再起床」「等今晚下班回來再做原本早上要做的事吧」諸如此類，關掉鬧鐘繼續睡。

但我不一樣，我沒時間想東想西。五、四、三、二、一，叮，從聽見四點三十分的鬧鐘那一刻開始，倒數五秒，在五秒內按掉鬧鐘，揉眼起床。這是我的規則。

早起沒有特別的祕訣，什麼都別想，睜開眼是最有效的方法。執行起來也沒想像中辛苦。實際上，英國睡眠專家尼爾・羅賓遜說過，因為我們的睡眠循環已經被鬧鐘打斷，所以，按掉鬧鐘繼續睡，那一天反而會很疲憊。

太累爬不起來時，我會安慰自己晚一點就能休息，像是「在通勤的公車上睡就好」「現在起床處理累積的事情，週末再好好休息」「現在早起運動，晚上就能和朋友出門」等。只要堅持五秒就好。五、四、三、二、一，起床吧！

當我戰勝了這場短暫卻艱辛的戰爭，就會直接走向洗手間刷牙洗臉，擦化妝水，到廚房泡熱茶，回房間播放適合當下的音樂。這整個流程是我讓自己清醒的方法，也是告知自己全新的一天又開始了的儀式。

從鬧鐘響到坐在書桌前，這些事是早晨的例行公事，都在無意識中發生，有時我甚至不記得自己做過這些事。

享受早起的人和放棄早起的人的差異

在我分享四點三十分起床的日常後，偶爾會遇到抱怨早起失敗的人。他們常說設好了鬧鐘，前一天也早早上床，但為什麼還是這麼累？就算幾次失敗後終於成功早起，但一到下午就會犯睏，頂多撐三天就放棄了。

當然也有人一下子就能成功早起，度過開心的一天也不覺得睏。有人主張基因會左右我們是晨型人或夜型人，不過，我覺得早起成功者和失敗者之間最大的差異是：「把什麼當作獎勵」。

能輕鬆早起的人認為，利用早起獲得的閒暇時光實現夢想，或是獲得額外的自由時間是一種很大的獎勵。這類人藉由早起，發現每天慢慢變化的自己，產生了成就感，夢想著比現在更進步的未來，從而維持繼續早起的熱情和欲望。

相反地，覺得早起很難的人，沒能感受到早起的好處。這種人覺得比起早起做事，利用這段時間睡覺所能獲得的獎勵更大（我並不是說這種行為有問題）。

在每天清晨鬧鐘響起的短暫時間裡，我也會煩惱該早起開始新的一天，還是睡甜蜜的回籠覺？但是，我會考慮不起床造成的損失、起床能獲得的結果，與我要怎麼獎勵這個得之不易的時光。比方說，「如果現在不起床寫稿，下班後就不能休息了」「現在起床運動，晚上才能盡情吃炸雞」「在通勤的公車上再補眠」。

另外，我在當晚會提前確認隔天起床要實現的目標。當我習慣了早起，會覺得早起坐在書桌前的時光本身，就是一種即時性獎勵。

人們常問我的問題之一是：「妳真的清晨起床嗎？」他們說常常聽不見早上的鬧鐘聲，問我怎麼在四點三十分起床的。

人們對早起有誤解，認為太早起床一整天都會很累。請仔細想想，讓我們累的不是起床時間，而是前一天太晚睡，或是過度消耗能量，睡眠不足才感到疲累。

不要把養成早起習慣誤會成早上會自動睜開眼睛，只要是人，不管什麼時候起床都會覺得累。在鬧鐘響起的瞬間，疲勞湧上是很正常的。按自己的時差維持有規律的生活，就能無痛早起。

為了養成「只屬於自己的時差」，輕鬆地開始一天，我們必須回顧前一晚的生活常態。以我為例，如果沒有特別的約會，通常晚上十點前入睡。當我養成固定時間起床與睡覺，前一天再忙，隔天清晨照樣自動醒來，再怎麼努力也睡不回去。

此外，就像前面說的，除了在清晨四點半起床之外，我會在鬧鐘響起的五秒內起床洗澡，喝熱茶，用瑣碎例行公事構成一天的起始。身體記住的步調就是每個人的專屬時差。

我現在完全適應了只屬於自己的時差，努力在差不多的時間結束一天和開始一天，從偶爾早起變成偶爾睡懶覺。用單純的早睡早起形成一天的例行公事是規律生活的基礎，熟悉後就會成為日常。

傑出人士的早晨習慣

我努力建立各方面的例行公事，包括一天的工作。

我早晨五點起床靜心、運動，
七點半之前不看手機，
先確認還沒處理的工作，再走路上班。
在約八公里的上班路上，我會聽Podcast或有聲書，
也就是說，我把一天的前三個小時投資在自己身上，
早上整頓好心情，
活動身體，保持健康，也學點新東西。

因為我在一天開始時已獲得了巨大的勝利，所以，不管那一天發生什麼事或過得有多糟，我都能感受到成就感。

——推特創始人，傑克・多西

CHAPTER 6

累的不是早晨，而是你

讓我們繼續聊就寢時間。每當人們問我四點三十分起床會不會睡不夠？身體沒問題嗎？我感到很鬱悶，就像說肚子快爆炸了，有人卻勸我再吃一碗一樣。擔心的人只關心我幾點起床，卻不問我幾點睡。早起的關鍵其實在於幾點就寢。

韓國有很多店會開到深夜，但很少有一早就開門的店，這點與國外相反。在國外多的是清晨五點開門的咖啡廳、西餐廳和麵包店，也有很多喜愛清晨慢跑的人。這麼說來，這些人全都睡眠不足嗎？並非如此。

事實上，會嚴重影響健康的不是起床時間，而是總睡眠時間。根據美國國家睡眠基金會的一項研究結果顯示，成人的最佳睡眠時間為七小時。然而，經濟合作暨發展組織在二〇一九年進行的研究統計數據指出，韓國人平均睡眠時間為六小時二十四分鐘，是研究對象國中最低的，意思是韓國人睡得比其他國家的人少。睡懶覺固然是問題，捨不得睡覺、減少睡眠時間又是另一個問題。一天少睡當然不會立刻出現問題，但由於睡眠負債會隨著少睡的時間累積增加，長期下來，不但影響日常，還會對健康造成負面影響，好比消化不良、免疫力低下等。哪怕是平常有自信不需太多睡眠的我也一樣。

既然如此，想養成清晨起床的習慣，具體睡多久較好？我會盡量睡滿七小時。我再強調一次，清晨起床不是減少睡眠，而是把睡眠周期提前，所以，想擁有晨型人生活，就要從前一晚準備才行。

早起的人往往習慣早睡，我早的話大概九點半，晚則十點半就寢，特別累的日子睡得更早。工作忙得再晚，也規定自己十一點前就寢，頂多隔天睡得晚一點，或利用週末補眠。備考時期，讀書累了我也會小睡片刻，經常飛國外出差的日子，就算不適應時差，我也會努力避免睡眠不足。我會根據情況和狀態，調整起床與就寢時間，以確保足夠的睡眠時間。

有些人實踐早起後，下午容易感到昏昏欲睡，而擔心自己「不適合早起」。在身體完全適應早起之前，午餐後產生睡意是很正常的現象。這時，你不用勉強撐著，最好小睡片刻。我到國外出差的時候，也有過晚上睡不著、隔天中午很睏的經驗，我會在下午三點前小睡二十分鐘，精神會變好很多，也能快速適應時差。像這樣，利用空檔睡午覺，從某一刻起，白天也不覺得疲憊時，代表你完全適應了晨型人生活。

不過，千萬不要為了早起而減少前一晚的睡眠。睡眠時間減少，身體易疲憊，反而無法持續早起。維持充足的睡眠，身心才不會疲憊。

如果無法確保充足的睡眠時間

如果你是上班族，不可避免地會遇到無法早睡的情況，比方公司聚餐或加班。晚回家的日子不用強迫自己和平常一樣早起，多睡一點也沒關係。就像前面說過的，維持早起習慣的關鍵是不勉強自己。

但如果越來越常晚睡晚起，就得思考一件事——「我為何早起」。我的意思是請你不要盲目地聽從本書的建議，而是思考為何要早起，以及清晨起床是否適用自己的日常。

如果你做出「應該早起」的結論，卻早起失敗的話，那就思考一下用什麼方法有助創造清爽的早晨，像是：怎麼調整日常作息才能確保充足的睡眠時間？前一晚要睡多久才能避免隔天的疲憊感？今晚有什麼行程？明天要做什麼？為了每天在差不多時間就寢，有沒有什麼能省略不做的事？

以我為例，每天的就寢時間會根據當天狀態而有些不同。即使當天沒做什麼卻覺得累，我也會在九點鐘準備睡覺，確保隔天清晨四點三十分能神清氣爽地起床。反之，如果白天喝太多咖啡，或是發生了令我亢奮的事，導致晚上睡不著，就會延後就寢時間，晚上十一點才睡。遇到晚睡導致早上爬不起來的日子，我會乾脆多睡一下，或想著「先起床，今晚早點睡」。

有時我們因為外在因素不得不晚睡，有時會因為心理因素怎麼都睡不著。就我個人的經驗而言，發生後者的情況時，想著「明天得早起，我要快點睡著」的壓迫感，反而會更睡不著，所以，最好不要勉強自己。

我們不是機器人，之所以挑戰清晨起床，不是為了隔天能早起，而是因為想養成早起的習慣，確保後天、大後天能比別人更早開始一天。雖然說決定清晨起床成功與否的關鍵在於就寢時間，但大家無須勉強自己在相同的時間就寢。最重要的是，按各自狀態調整出適當的就寢時間，調整範圍大約是前後一小時，以建立固定的睡眠周期。

睡眠生理時鐘不能亂，不能一天晚上九點睡，清晨四點起床，另一天凌晨三點睡，下午兩點起床。哈佛大學曾以六十一名學生為對象，進行睡眠習慣與成績的相關性研究。研究結果顯示，睡眠周期規律的學生比不規律的學生，擁有更好的學業成績。這是由於人體的生理時鐘分成上午與下午，睡眠時間不規律的學生，身體的生理時鐘會比原本的時間慢三小時，導致他們無法專心上課。

當生理時鐘長期紊亂，日復一日地出現失眠現象時，請創造出結束一天的專屬儀式。就像我早晨會邊喝熱茶邊聽歌，告訴自己一天已經開始一樣；晚上會點香氛精油或蠟燭，泡舒服的半身浴、敷面膜、替眼部按摩後，再舒服地躺床，告訴自己一天已經結束。請你也創造專屬自己的睡前儀式吧。

我有時會聽有聲書或ＡＳＭＲ影片，幫助遺忘快點入睡的念頭。對我來說，夜晚不是看電腦或滑手機的時間，而是準備就寢的時間。我喜愛夜晚時光，像這樣，創造平靜身心的睡前儀式，就能自然而然地入睡。

不要以為清晨起床失敗了

為什麼我們會把朝著目標前進時遇到的危機稱為「失敗」呢？為了成功養成早起習慣，除了思考晨起能帶來什麼獎勵之外，也不要有晚起就是失敗的迷思。

晨型人不是就得每天早起，累的日子就睡飽一點，一天才能過得順遂。如果因為晚起一天就對自己感到失望，或覺得是自己有問題，那你永遠不可能早起。

請不要把偶爾狀態不好、睡得比平常久，想成是睡懶覺或早起失敗。想成那天是「睡得很飽」的日子吧。實踐二十年以上早起的我敢保證，晨型人並非就能天天早起、天天朝氣蓬勃，或非常勤奮。努力奔跑必然會有疲憊的日子。

我們偶爾會累到聽不見鬧鐘聲，偶爾會早上好端端的、下午卻昏昏欲睡。這和你早上幾點起床無關，只要是人就會有這種時候；反而前一天睡飽，減輕身心負擔，隔天就可以輕鬆地達成早起目標。

成功早起的好方法是，比平常早三十分鐘就寢與起床。你可以先花一星期左右熟悉這個規律，隔週再提前三十分鐘，像這樣，持續地調整睡眠周期，就能實現無痛早起的目標。另外，不要對自己過分嚴苛，要求一定得在相同時間起床，偶爾把鬧鐘設晚三十分鐘也無妨，週末不設鬧鐘睡到自然醒也很好。當你擺脫了早起壓力，某一刻你會發現不靠鬧鐘也能自動睜眼的自己。

早起不過是創造美好生活的工具之一，善用固然有效，但如果因此感到壓力或打亂原先的日常，就得重新找回屬於自己的節奏。

傑出人士的早晨習慣

我每天早上四點起床。

我醒來的第一個小時，
喜歡先看我們蘋果產品相關的使用者回饋意見。
接下來，我會去健身房做約一小時的運動，
幫助緩解壓力。
再去咖啡廳，邊喝咖啡邊確認電子郵件。

這些例行公事的意義在於，當我熱愛我的工作時，不會覺得它是工作，我會覺得這些是理所當然要做的。而且我每天早上都能藉由這些幸運，發現新的自我。

——蘋果公司執行長，提姆·庫克

CHAPTER 7

想好好把握清晨，不一定得做大事

人們認為我之所以早起，是為了度過特別的一天，以為我每個清晨都在做什麼了不起的大事。事實並非如此。我每天在相同時間睜眼，喝茶，準備上班，開始一天的生活。我的日常就像說明書一樣反覆、無趣又平凡。我和人見面聊的內容也差不多。

可是，重複的日常並不等於無聊。因為我們可以利用沒有變化的一天，一點點地創造生活。我會在早起的閒暇時間閱讀、寫作、爬山、打高爾夫球和游泳，也會後製影片、發郵件給社會名流。像這樣，我在有規律的日常中處處添加特別活動，改變一天，從中感受到積極向上的活力與喜悅。

早起帶給我改變生活的意志，隨著反思自我的時間變多，自然而然地想彌補自己的不足之處，更產生了挑戰的勇氣，尋找當下能馬上進行的小事。我學舞、學音樂劇、出國傳教和減肥，更懂得如何享受人生。我不疾不徐地擬定計畫，無論成功或失敗，都能從中發現新的自我，形成良性循環。我明白了很多事沒想像中困難，而且只要下定決心就能成長。

仔細想想，我們不需要有特別動機才能做出特定行為，讓自己成長不需要特別的契機或理由。早起也一樣。你不需要強迫自己早起做了不起的事，早起所獲得的人生獎勵時間，想怎麼用就怎麼用。最重要的是，你克服疲憊，奮力早起，而不是在那個時間做多偉大的事。

如果你的生活作息因早起而有所改變，即使不做特別的事，也能過上和現在不同的生活。沒有特定理由去實踐的小行為，能為你增添自信，讓你相信現在比想像中更好，以後還能成為更好的自己。再者，改變生活習慣會改變你追求的價值，同時也會帶來改變的機會，一直以來尋找的夢想、目標、動機和毅力都會隨之而來。我想介紹幾種方式，幫助不知道如何利用獲得清晨時光的人。

處理被推遲的事

我喜歡清晨工作多於加班。因為如果提前在一大早處理好工作，就能度過悠閒的一天。加班有因為工作不能下班的感覺，可是，清晨工作會有提前完成的充實感。

前面提過我在讀法學院的時候是半工半讀，只有在重要審判或是見委託人的日子才需要到辦公室，其他時間都是在家辦公。一週工時約三十小時。我原本打算只當假期工讀，但由於最後一學期前必須累積更多經驗，以致無法輕易放棄那份打工。再說了，學習實務經驗比讀教科書更有意思。

扣掉打工時間，其他時間我都專注在法學院的課業上，下課寫作業、準備每週小考、參加公益活動、經營人際關係、參加各種模擬審判和協商會議。現在回頭想想，我不知道是怎麼完成這麼多事的。那時的我對任何事都不想敷衍了事，也不想錯過任何機會。

當時帶我的主管律師習慣在星期日晚上發郵件給我，交代週一下班前得處理好的緊急公事，我會邊碎念：「明天有重要的小組會議，而且是最多課的日子……」邊在星期一第一節課前完成任務。

讓這一切成為可能的就是早起。在早上四點三十分起床到早上第一節課前，約有四小時空檔。我把前兩個小時花在研讀相關判例和法條，後兩個小時思索如何把它們運用到被交辦的案件，寫出研究報告。如果案件太複雜，需要更多時間處理，我會把手邊整理好的資料先送出去，要是上司有疑問或是其他要求，再另行補充。

我其實不怎麼喜歡早起辦公，不過，守時在法律界很重要，在規定期限內沒完成工作就會失去信用，所以，我只能利用清晨時間處理公事。雖然現在我成為企業編制內的律師，但我希望保留上班後立刻向上司報告，以及開會時表現出準備充足的模樣，仍保留了當時打工的習慣，在上班前先處理好部分緊急工作。

因為其他同事清晨不在線，所以比起回郵件，我更傾向處理能獨自完成的工作。假如上班後有十件公事等著我處理，我會在上班前先完成兩、三件，做好一定程度的準備。上班時，時間和心態都能享有餘裕，增加工作的自信。

也許有人會覺得與其起床工作，不如睡覺更好。不過，我想大部分的上班族應該都有同感，迴避和拖延並無法解決大部分的工作壓力，像這樣提前處理好工作，有助減輕被工作追趕的壓力，也能專心致志地處理重要工作。清晨不是在辦公室，而是在舒服的空間，邊聽喜歡的音樂，邊愜意地處理公事，除了能提高工作效率，還能讓工作成為一種享受。

試著在清晨活動身體

同事經常說「律師您總是活力充沛」，我認為常保活力的祕訣就是運動。我特別喜歡在早晨運動，因為早晨提前運動，下班後就不用去健身房了。

人們有迷思，以為早晨運動，整天都會很累。其實，如果有睡飽，晨間運動就不會覺得累，身體還能變得輕盈。以運動開始的一天，會比以閱讀開始的一天更清爽。因此，每當遇到重要的日子，我會以運動開始一天。實際上，有許多研究結果指出，晨間運動有助提高一天的認知與身體機能。當我還是學生的時候，每逢考試日，我會刻意早起運動，運動真的給了我很大的幫助。

晨間運動的另一項好處是有助減肥。因為一天從運動開始的人，也會想度過健康的一天。實際上，某項研究以一千八百五十四名成人為對象，研究了人們就寢時間、起床時間和食物攝取的相關性。據該研究結果顯示，在上午十點前，晨型人比夜型人攝取的食物量多百分之四，晚上攝取的糖分與脂肪則比夜型人少，同時過度肥胖的危險性也較夜型人低。我透過晨間運動，減重十公斤，四年來維持著相同的體重。

最重要的是，運動會帶來言語難以形容的自豪感，先堅持二、三十分鐘，逐漸地增加時間，就能養成再疲憊也堅持到底的耐心。

如果你還沒決定早起做什麼，我推薦你運動吧。此時最重要的是找出適合自己健康狀態和日常生活、又能持久的運動。如果你是第一次運動，一定得先掌握哪種運動適合你，不一定要上健身房或使用高級運動器材。我沒時間運動的時候，清晨會在家踩基本款健身車約四十分鐘，再做十分鐘左右的伸展運動，然後洗澡。舉凡騎單車、打壁球、游泳、慢跑、瑜伽、靜心等，做什麼都可以，只要適合你。

我個人喜歡做容易出汗的有氧運動，再沖個爽快的澡。我特別推薦晨泳，我學生時當過游泳選手，晨練是家常便飯。游泳屬於全身運動，有助短時間提高肌肉和心肺功能，加上水中行走不傷關節，是很棒的運動。請早起運動吧，你很快就能感受到身心的變化。

晨讀改變人生

我以前不愛看書，閱讀速度慢不說，在準備律師考試的時候，每天要看太多判例。成為職場新鮮人後，光是公司文件就看不完，所以，我不想連休閒時間都在看東西。不過，現在的我很享受晨讀。

如果你有想看的書，平常卻沒空看，那就在清晨看吧。如果你讀的是前一天下班時看過的書，會覺得是從不同的視角、彷彿第一次閱讀般，獲得過去沒得到的新資訊。閱讀能讓我們間接體驗不曾涉足的陌生世界，認識不能直接見面的人，了解不在身邊的人的想法、生活方式與成功之道，從而回顧自己的來時路，反省之，或感激之。

我晨讀時會制定新的目標，比方說，一開始沒想太多地讀影片後製相關書籍，現在卻親自動手剪輯影片，還成為了YouTuber。還有，我讀了韓國演員河正宇的書《走路的人，河正宇》後，制定了從蠶院洞走到機場的新目標；讀了《突然想到的點子能賺錢嗎？》之後，挑戰了註冊專利。

要是你覺得晨讀很累，讀本輕鬆的圖畫散文怎麼樣呢？比方說，《萊恩啊，請陪在我身邊》，字少，還能欣賞圖畫，能帶來閱讀的滿足感。

如果你是電影愛好者，我推薦你看電影原著。就算是看過的電影，重讀一次原著，也會獲得不同的感動。我最喜歡的電影是《阿甘正傳》和《當幸福來敲門》。我已經看過好幾次原著，每次都有新的感動。

我偶爾會去二手書店買國小教科書，因為教科書是寫給學生看的，所以很容易理解，而且有很多過去不知道的內容。我重讀長大後不感興趣的美術、音樂和歷史，學到了新知識。

要是你真的不喜歡閱讀，邊喝熱茶邊聽有聲書，怎麼樣呢？我會用手機的應用程式，大家可以試看看，確認程式中有沒有自己感興趣的書、滿不滿意配音員的聲音。

另外，各位晨讀時不用想著要看到最後一章。清晨是送給自己的閒暇時光，不是強迫自己做事的時間，如果心懷一定要讀完某本書的壓力，就無法創造有意義的療癒時刻。反而邊聽好聽的音樂邊輕鬆閱讀，身體會自然地記住這段時間。

透過平靜的晨讀，獲得新智慧，自然地理解世界趨勢，擺脫思想的固有框架，這段時光便已足夠。當你發現靠閱讀而使自己每天成長，將會獲得很大的成就感。

在清晨享受興趣愛好

不知道是不是因為學生時代都在讀書，沒能好好享受興趣愛好，我在當上律師後，產生了各式各樣的嗜好。延續最長時間的興趣就是剪輯影片。我剪片上傳YouTube的興趣已經持續了兩年以上。之前，公司延長了中午休息時間，從一小時變成兩小時，我不知道做什麼打發漫長的兩小時，直到讀了影片剪輯相關書籍，決定成立個人YouTube頻道。

起先我只在午休時間讀影片剪輯書籍，後來買了《Premiere Pro》的專業剪片書籍，清晨兩小時、中午兩小時和下班後一小時都在看它，深陷影片編輯的魅力，難以自拔。

我迷影片編輯迷到親自拍片，而在拍攝和剪輯影片的過程中，也對YouTube產生興趣。那時候，很少有律師當YouTuber，我想說不定自己能提供一些美國法律的相關資訊，幫忙有需要的人，開始上傳了YouTube影片。

一開始，工作與經營YouTube頻道並行不易，也沒多少人注意到我的影片。不過，反正是利用清晨時光做的事，不會耽誤工作。而且我太喜歡剪片，決定繼續經營下去，甚至買了相機，學習多角度的拍攝方式。

過去我對相機一點都不感興趣，直到親身體驗後才發現個中樂趣。剪片帶給我快樂，我構思了各式各樣的主題，其中之一是呈現日常生活的Vlog。我拍下自己清晨四點半起床的真實生活面貌，以及如何利用晨起時間。沒想到引起許多人的關注，很多人留言說要向我看齊一起早起。我至今仍難以相信，自己的影片竟能激勵這麼多人。

透過經營YouTube，我發現自己對企畫、導演與剪輯影片很感興趣，於是報名短篇電影節比賽。雖沒得獎，但我發現了另一個全新的自己，再次經歷了有意義的人生時光。我不抱任何想法，純粹享受影片編輯的樂趣，卻帶來了生活的積極變化。對此，我心懷感激。

最近是一切都能透過線上或線下體驗的時代，如果你不知道晨起做什麼好，就先挑戰自己擅長的領域，或是從與本身職業相關的興趣開始也不錯，能迅速感受到成就感，還能運用到工作上，會感覺很有意義。

我也推薦大家做平時感興趣及相關的事，比如說：你平常喜歡攝影，就可以學習Photoshop，美化照片；喜歡閱讀，可以出書；平常追星，可以製作喜歡藝人的周邊商品；喜歡天馬行空的想像，可以寫部落格或社群網站文章。實力不足、成果不盡理想，都無所謂，人只要涉足感興趣的領域就會變得精神抖擻，假如自己的興趣愛好受到歡迎，還能創造附加收益。

假如你沒有特別的興趣愛好，不妨嘗試過去不感興趣的事。人們往往認為只有做自己感興趣的事才能持久。打破迷思吧。我在清晨也會關注不感興趣的領域，尋找不喜歡或不擅長也能做的新事情，在意想不到的地方發現另一個自己。

渺小的興趣種子能結成碩大的果實，像我，從剪輯影片開始，走向經營YouTube頻道，參加短篇電影節比賽到出書。早起無需特別目的，就算沒有具體目標也沒關係，早起的瞬間，心底想做某件事的欲望便會蠢蠢欲動，或緩解壓力，或滿足好奇心，或尋找與眾不同的興趣，都能成為發現意外機會的契機。

我現在是律師兼上班族，老實說，我以為只要擺脫學生身分就不用讀書了，但現實並非如此。現在是不持續提升技能，就無法生存的年代。如果你認為自己是上班族就不用再學習，那可是大錯特錯。

學海無涯，無論是職業或人生，不學習就只能原地踏步，即使你在穩定職場上班，也不能怠惰工作所需的知識或技能。所以，趁早起的機會，深入挖掘自己的專業領域如何呢？

在我當上律師後，每天早上都會學習多樣化的新知和工作相關知識，比如說，我看新聞的時候會想美國是否有類似判例？美國法律和韓國法律的差異何在？記下那些疑惑，等清晨時找答案。

有時候，我也會學習和工作無關的全新領域。去年我訂閱了日文學習雜誌，每天早起學日文，同時也自學了西班牙文和中文、準備急救證照與各種民間資格證考試，還有，我平常對心理學感興趣，也會去聽一些心理學免費講座。

我最近對犯罪心理學產生興趣，清晨一有空就學習，也報考了韓國研究所，想更深入了解犯罪心理。前面也提過，在我經營YouTube頻道的過程中，學會了影片剪輯，延伸學習了Photoshop與拍片技巧。我當上YouTuber後，學習了音樂與影片著作權相關知識，以及應對惡意留言的法律規範及相關訴訟。

我沒有外表看起來聰明，學習速度又慢，是個徹頭徹尾的「努力派」，事事都得比別人付出更多努力，倘若我在學生時代沒有利用清晨讀書，現在不會成為律師。我並不是說早起讀書成績一定會變好（若是如此，我應該是全校第一名才對），但無法否認清晨起床賦予我的特權。

晨起讀書的另一項優點是，我可以在下午複習清晨的學習內容。晚上熬夜讀書到凌晨，隔天忘得一乾二淨的機率很高。清晨起床預習要上課的內容，白天聽課，然後應用清晨學習內容，晚上再複習，能記得更牢。

某項研究針對晨型人與夜型人的大腦進行了分析，結果顯示，晨型人的大腦對不同領域具有高連貫性，專注力、反應速度和執行任務能力也較高。早上專注力強，所以我上法學院時，大多選修早上八點的課；早起課前預習，或複習上次的課程，能更容易了解當天上課的內容。

另外，晨起預習有助消除不安。許多學生在面對考試或需要長時間才能完成的作業時，會有很大的壓力，覺得時間不夠用。相對地，晨起學習的學生，會覺得準備考試的時間綽綽有餘，急著讀完書或寫完作業的焦躁感與失誤相對減少。再者，晨起學習還能確保午後午睡與運動的時間，一石二鳥。

我在這裡說的學習，不單指學術性知識，搜尋並習得新資訊都是一種學習。當然，有疑問的時候直接問朋友更快，但自己解決疑問，學到的知識會更有價值，也能增加挑戰新事物的預期成功率。

考研究所、考證照，學什麼都可以，請大家利用早晨，學習曾經想學卻推遲的事，不要留到晚上。根據個人的學習風格和生活方式，學習固然重要，不過，如果你平常沒時間學習，那麼清晨起床就是最佳的解決方案。在晚上已經很累的狀態下，你還想著「要不是公司的事，我就能多學一點……」，陷入這類想法的話，會讓自己更無力。早晨先學點東西，再開始一天的工作，你會對學習與工作並行的自己感到自豪，信心倍增。

傑出人士的早晨習慣

我每天四點十五分起床開始一天，在早晨例行公事結束之前，絕不碰手機，隔絕各式3C產品。比起看東西，我選擇運動和思考。

我一看見文字就會被他人的想法所擾，
注意力瞬間分散，
所以，我喜歡在安靜的早晨獨自思考，
既能補充能量，還能整頓心靈，
清晨的靜謐決定了我的一天。

社會日新月異，要經營一家頗複雜的公司，
最好的做法是，把時間和精力花在整理自己的想法上，
而不是分散到外部的人事物。

——迪士尼前執行長，羅伯特．艾格

CHAPTER 8

晨型人這樣善用週末——另一個獎勵時間

許多人好奇平日清晨四點三十分起床的我，週末幾點起床。週末我通常五點起床，週末想睡久一點，就繼續睡，不過因為習慣了清晨起床，就算沒特別要做的事，起床時間多半和平常差不多。

對我來說，週末是另一個獎勵時間，我會處理平日沒處理完的事，像是剪輯影片、看沒看完的書，或需要特別費心的事。

我也會嘗試平日很難抽出時間做的事，最近學了跳舞和皮拉提斯，天氣好的時候去登山，不好時打室內高爾夫球，沒特別想做的日子則去游泳。

我還會去看沒時間探望的朋友。我很喜歡和朋友約看早場電影，因為早場電影會打折，人又少，能享受舒服的觀影環境。

起初，朋友都不太喜歡週末早上見面，試過幾次後，他們逐漸愛上週末早上約會。

我們看完電影，吃完中餐，散會時不過下午一點。回家路上，我會順道逛書店或去市場採購下週食材。

到了晚上，我會整理書桌打掃家裡，整理堆積的衣物，替上週畫下句點。週末擦乾淨累積了一星期的灰塵，心情愉悅不說，也沒有大掃除的壓力，能好好地放鬆休息，一箭雙鵰。

我善用週六的習慣，來自讀法學院時期。當時我覺得雙腳好好的，就時間和金錢面來說，走路或搭Uber更經濟實惠，沒必要買車，把錢花在保險費、油錢和停車等養車費用。真的需要用車的時候，我會利用按時計費的租車服務，一次處理掉所有事情。由於我使用的租車服務，每超過十五分鐘就會加一次錢，所以，我會避開交通尖峰時段，在人少的週六上午出門，避開塞車的麻煩，也省去購物排隊的等候時間。這種習慣一直延續到現在。

在我剛回到韓國上班時，週末一定會出門見朋友，以彌補平日上班的辛苦。沒有約會時，會躺在床上滑手機。現在，我改變了想法，與其想著週末得休息，我寧可善用週末時光，完成平日沒完成的事。因為早起的關係，平日也過得很悠閒，不會特別覺得週末得用來彌補平日沒有的自由時間，也有足夠精力挑戰新事物。

徹底休息的週日

我的週日和週六不同，會徹底休息。即使早起，也會躺在床上看電視或瀏覽社群網站，或回顧上週，計畫下週。

由於平日早起的關係，我到八點就會餓，會先吃完早餐，再去教堂禮拜（最近因為新冠疫情的關係，改為線上禮拜，所以週日會在家悠閒地度過）。回家精心烹調料理是我的小樂趣。我會做辣炒年糕或糖餅，也會蒸地瓜或玉米，有時候會舉辦烤肉派對，再好好地休息。

我在週日只會專注補充展開新一週的能量。因為該做的事到週六都做完了，也挑戰了自己想做的事，不留遺憾，所以，無論上週過得多辛苦，我的心情都很平靜。

有時事情不順利或結果不如預期，到了週日會覺得比較釋懷，因為明天再挑戰一次就行了。

傑出人士的早晨習慣

如果我早上起來，覺得未來會更美好，那一天就是美好的一天。如果我沒那種想法，那一天就糟了。

我一天睡六小時，每天早上七點起床後做的第一件事是，
花三十分鐘回「有批判性的電子郵件」，再喝咖啡。
光這樣就夠忙的了。
我很少吃早餐，
先送五個孩子上學，再上班，
上午開設計和工程相關會議。

在處理一天工作之前，我會先冷靜排出它們的優先順序，專注於雜訊之外的訊號，確保自己不把時間浪費在不會讓狀況變得更好的事上。

——特斯拉執行長，伊隆．馬斯克

PART

3

讓我一點一點成長的方法

CHAPTER 9

不要管理時間，管理自我吧

人們認為我能規律地起床，一定很會管理時間，事實並非如此。我連時間管理的意義都搞不清楚，一想到要按表操課就頭痛，根本不知道手上的工作何時能結束、要怎麼一一預測時程，並制定計畫。

我有一陣子試過按時間分配工作，硬逼自己在規定的時間內完成，但持續不了太久。因為即使想著「再三十分鐘就好」，時間卻不由意志左右，一眨眼就過了。

所以，我現在不管理時間，而是管理自己，每天專注於一點點、一些些、慢慢地成長。達成目標時，我會獎勵自己。無論做任何事，養成堅持不懈的習慣，就有動力設定下一個目標。

我之所以清晨起床，不是因為想系統化地管理時間，是因為提早開始一天，在日復一日的平凡日常中，能令我產生能量和餘裕，挑戰過去只能在腦海中想像的事。此外，因為清晨先完成了該做的事，就算遇上非本意的加班，或晚上另有安排，我也不需要特別放棄什麼，隨時都能回到規律的生活作息。

人們偶爾會對堅持開發自身潛力的人說，「那是有錢有閒才能做的事。」事實上，不是一定得擁有時間或金錢餘裕，才能自我增值。

在像清晨這樣平時覺得不重要的瑣碎時間裡，我們可以慢慢地為自己做點事，做著做著，就會感受到日常起了變化的小樂趣。而且當我們找出瑣碎時間，會不知不覺更有效地利用一天。所以，如果你整天明明沒做特別的事，卻老覺得時間不夠、每天都過得很虛無，要不要趁這次機會管理一下自己呢？

習慣創造機會

到目前為止，我聊了晨起的優點，與善用清晨時光的方法，接下來，我想談更私人的事。在這部分，我會談論如何管理自己，包括經營人際關係、管理心態和面對低潮等。

我在清晨完成了各式各樣的目標，不過，主導生活作息並不是為了實現單一目標而早起，而是想維持健康的生活態度，更有意義地利用時間。一路維持規律作息的我，成為了游泳選手和擁有美國兩州律師資格證的律師，找到了安穩的職場，當上激勵許多人的YouTuber，現在還成為了這本書的作者。

我想做的不僅止於此。我在寫書的時候樹立了新目標——親自設計計畫表。為此，我開始投入計畫表設計工作，了解註冊專利流程。透過形形色色的活動，打開了意外的大門，各種電視節目與廣告邀約陸續找來。我不確定明年的自己又會有何成長，但不可否認地，我一點點地管理自己，養成好習慣，從而創造出新的機會。

想開創人生里程的新機會，在養成習慣時，我聚焦在自己身上。比起朋友，我更重視和自己的約定；比起外界，我更專注傾聽內在聲音。我會給自己兩到三週的時間，專注於自己，很神奇地，當我這麼做，過去辛苦追趕的事會反過來跟隨我。這是因為我領悟到什麼對我來說重要、什麼不重要而產生的結果。之所以會說兩到三週，是因為這是強化專注力的基本所需時間。

另外，假如超過了自己設定的時間卻沒發生任何變化也別焦急，你需要冷靜審視內在的真實需求。情緒化無法養成好習慣。舉例來說，如果你覺得下班後和朋友喝酒喝到很晚，比早起運動更幸福，或是早起喝了溫暖的咖啡，翻開書，卻因為不響的手機而感到痛苦，那麼你需要的也許不是自我增值，而是友情。

如果你想改變人生，就該放棄一蹴而成的想法，哪怕目標再小，也要捨棄想一次實現的態度。我強調很多次，不要期待幸運，不要被外在的聲音干擾，更重要的是聽自己的心聲，一點點地自我發展，默默地改變就能迎來前所未有的機會。當機會到來的瞬間，唯一要做的就是：抓住機會。

傑出人士的早晨習慣

我會在六點二十分起床，喝杯卡布奇諾或熱茶，再做約五十分鐘的運動和約二十分鐘的靜心，接著吃早餐。

早晨靜心是為了好好度過一天而進行的精神準備，
無論我人在哪裡，我每天都會關上門，調勻呼吸。

鬧鐘聲會讓我不安，我習慣安靜地開始一天，或看旭日東升，或欣賞掛在枝椏的晨霧，藉此感受自我的存在。透過這些步驟，我享有聽見真正鳥鳴聲的特權，取代玩推特。

——主持人，歐普拉．溫芙蕾

CHAPTER 10

進步是獨力而為的，孤獨是叫我們專注自身的訊號

我在小二搬到紐西蘭之前，在應有盡有的富裕家庭中長大。上私立小學，補過數學、美術、鋼琴、游泳、溜冰等各種才藝，獨占雙親寵愛，交友廣泛。我覺得自己擁有的一切都是理所當然的，自認是享受幸福的「公主」。

不過，事情在我去了紐西蘭之後起了變化。紐西蘭的人民、教育、文化和環境等各方面都和韓國有天壤之別。不用讀書、補習和寫作業的環境，令我感到陌生又自由。

喜悅只是暫時的，後來領悟到，我之所以感到自由是因為老師與同學把我當成外國人對待。不懂英文的我得到了上課時間玩玩具的特別待遇，同學們因此把我當成外星人，用我聽不懂的英文罵我、取笑我。他們說媽媽精心準備的泡菜便當有奇怪的味道，朝便當吐口水，還把它偷偷丟進垃圾桶。在韓國，我被大家誇獎的漂亮公主服和閃閃發光的鞋子，到了習慣打赤腳的紐西蘭，更是變成了笑柄。

我沒和同學吵架，只是躲在角落，看他們的臉色，抱著息事寧人的態度。說實在的，我對那樣的情況無能為力，一開始我會告訴老師同學罵我，同學卻喊冤，說是我先動手的，害我時不時被叫去校長室。

後來，也許是因為我經常看他們的臉色行事，排擠行徑益發嚴重，不但同班同學，全校學生都開始關注我的一舉一動，像是英文發音、長相、午餐吃什麼韓國菜色、穿什麼衣服等。

那時我很自卑，覺得自己一無所長，動不動就怪自己長得矮，不是金髮碧眼，不會說英文。為了不那麼醒目，我變得從眾，逐漸失去了自我。

後來我轉學，雖然交了一、兩個朋友，卻無法輕易敞開心扉。於此同時，爸媽因工作往來於韓國與紐西蘭的頻率增加，我獨自看家的時間變長，爸媽希望我能在紐西蘭學好英文，獨立生存。我從飽受寵愛的人生，變成了與孤獨鬥爭的人生。

在這種情況下，尋找克服孤獨的方法成為我人生的首要任務。對我來說，孤獨就像針，被針扎到的我會痛、會流血，卻忘了也能用針縫補破掉的衣服，填補破洞。我把孤獨視為精神不好的狀態，用自我學習填補空虛，習慣了獨來獨往。

從某一刻開始，我變成了朋友口中「總是很忙的朋友」。無論青少年或大學時期，我和同學不同，不屬於任何群體。這不代表我的人際關係出了問題，只不過比起和朋友交流，獨自學習讓我更有成就感。

如果說我從不覺得孤獨，那肯定是謊言，只不過無論多孤獨，過了一段時間，我就會若無其事地重新振作精神。每當感到孤獨，我會回顧自我，給自己一些刺激。孤獨不是痛苦，是叫我專注自己的訊號。

如果你現在感到孤獨，或經常因寂寞感到沮喪，也許這是專注自己的好機會，不要無視這個訊號。

不畏懼一個人進步

我喜歡跳舞，十幾歲時參加過歌手試鏡，變成熱愛跳舞的練習生。後來，雖因種種因素放棄跳舞，但到了大學仍念念不忘舞蹈的魅力，報名了舞蹈補習班。我不清楚當時為什麼害怕一個人去補習班，因此說服朋友陪我一起上課。

朋友抱著輕鬆的心態去上課，我和她不同，我想拍舞蹈影片，對舞蹈越來越認真，會提前三十分鐘去教室，課後也留下練習。後來，朋友覺得跳舞不合她的個性，興致缺缺，一下課就找我吃好吃的，誘惑我早點走。

我怕拒絕朋友的提議會傷她的心，但不練舞，跑去吃好吃的，又覺得違背了和自己的約定，心裡很難受。一天天過去，我對跳舞漸漸失去興趣。

有些人害怕獨自進步，過去的我也是，喜歡和別人一起學習，要花很久時間才能適應一個人去補習班或上健身房。雖然我有心學新事物，但一想到自己一個人就會感到不好意思而打退堂鼓。還有，我覺得只有得到比我優秀的人的幫助，才能獲得更好的成果。我經常為了等待與某人一起開始學習而錯失機會。

在經過幾次失敗之後，我理解到一個不變的真理——進步掌握在自己手上，不用成群結夥。出於興趣而學的人和認真自我增值的人，不可能擁有一樣的態度。如果你是當作消遣，嘗試新事物，那麼和朋友一起會有一定的幫助；但如果你真心想挑戰一個新目標，就應該獨自開始，這樣才不會被他人的意見干擾，能專注於自己，找出進步的地方。

人們對自己未曾走過的路會產生負面態度。試想你向某人尋求幫助，沒有完成過夢想的人會說「太難了，不要浪費時間，放棄吧」「實際一點吧」。而那些曾實現過相同目標的人會說「雖然難，但你能辦到」「你一定要試試看」「與其放棄，休息一下再繼續」。

我們認為必須要使用和他人一樣的方式，保持和他人一樣的速度，才能實現夢想與目標。當我們看成功人士時，會不自覺地拿自己和他們比較，如果在自己身上發現不同或不如他們的地方，就會失去自信，用各式各樣的理由：像是環境不如他、成績不如他、時間沒他多、比他晚起步等，低估自己的成功率。

我每次設定目標，都會遇到很多打擊信心的情況。這是因為我制定了他人眼中看來不現實的目標與夢想，他們會對我說「不要抱太大期望」「把目標定得更實際一點」。

我在國外當游泳選手的時候，身邊的人明明沒拿過游泳比賽獎牌，卻說：「妳的身高和體型比對手矮小，很不利。」還有，只在韓國上過一年學校的我說要考學力鑑定考試，沒考過的人擔心說：「妳以為那個很好考嗎？」「妳在想什麼，妳韓文又不好。」

我想參加美國法學院入學考試進入憧憬的法學院時，也是如此。職業不是律師的人對我說「不當律師，妳還是可以活得很好」，不然就是說我「目標定得太高，放低眼光，想得實際一點」。

哪怕在我考取律師執照後，還是經常聽見類似的聲音。學校的學長姊和教授跟我說「妳沒有經驗，要怎麼當大企業的律師」「妳可以先去別的地方累積資歷、再進大公司」。我說要開設個人YouTube頻道時，也沒多少人支持，大家都說剪輯影片太難了，甚至有人說「幹麼浪費時間做那種事」。

然而，驚人的是，造就今日的我的，正是大家所說的「很難」「很累」「浪費時間」「不可能」。我沒有被其他人的話動搖，獨自開始，才獲得了現在的成果。

我為了贏得游泳比賽第一名，拚死拚活地練習，發現矮小的身高與體型——原本被認為是缺點的地方，正是我的優點。因為矮小，所以輕盈，我能游得比其他選手快。同樣地，在學力鑑定考試時，雖然因為在韓國學校只上了一年，以致韓文不流利，不過英文分數遙遙領先，拉高平均分數，輕而易舉地通過了考試。

我經過長期備考和許多挫折，透過不同於其他同學的方式，順利地考上了理想的法學院，完成了課業。當學長姊和教授們異口同聲說我的經驗太淺，不可能進入大企業工作時，我卻想著先投履歷，能面試再說，結果，現在成為大企業的律師。別人說剪輯影片很困難，我卻一試就上手，現在經營著有十五萬訂閱者的YouTube頻道。我每天都在抓住新的機會。

我當然不是說其他人愛說負面言論，所以不要聽別人的話，也有人會給出真正有益的正確建議。我想表達的是，無論他人所言是不是事實，只要自己不動搖，穩住重心，就能累積過往從未試過的特別經驗。

在自我進步方面，「想走遠的話，就要一起走」這句話並不適用。如果你真的有心自我增值，就應該阻斷外界噪音，打開內部自我進步模式的開關。學習的方式與節奏，因人而異，你不用走得太快或太慢，配合自己的節奏走，才能避免陷入低潮，並不斷地進步。

最好的競爭者是自己

我熱愛運動，運動時間多過讀書。游泳是我最喜愛的運動。我熟悉了紐西蘭生活以後，中學開始參加校內游泳活動之餘，同時加入了居住城市的市代表隊。

前面有稍微提到，我的早晨生活也是因為游泳開始的，因為小學泳隊每逢賽季都會舉行晨間訓練，而在沒有晨練的日子，我也得在六點三十分到泳池練水球和籃網球（紐西蘭相當盛行的晨間運動），因此，我的一天多在清晨五點開始。

當時和我競爭的游泳選手長得特別高，不知道他們為什麼長高得這麼快，每隔幾個月在比賽中見面，總是又變得更高了。又高，力氣又大，他們在水裡划一下手臂，我得划兩下才能趕上他們的速度，因此，我在預賽中被淘汰已是司空見慣。

儘管這可以看成不同種族之間天生的體格差異，但每次比賽結束，我都痛哭流涕，活像世界末日到來。移民到紐西蘭的我，已經因為語言障礙落後同儕，現在連身體條件都輸人，真的非常痛苦。泳隊教練對我不抱期待，大部分的團體賽，我都在坐冷板凳。

我腦中「沒人看好我」「對他們來說，我只是個英文差、體力也差的外國人」等各種想法，激起了我的好勝心。我咬緊牙關接受訓練，上學前兩小時，和放學到吃晚餐之間的兩小時，全都花在練習上，週末另外接受高強度的重量訓練，培養肌耐力。為了縮減換氣時間，我努力練憋氣，好幾次因缺氧頭暈，衝到泳池外嘔吐。我不知道自己哭過多少次，卻絕不言棄，在其他選手擁有得天獨厚體能條件的情況下，練習是唯一的活路。

泳賽再次到來，去年見面的選手長得更高了，我還是那個矮小的我。至今仍清楚記得，當兩百公尺自由式比賽的槍聲響起，我躍入冰冷泳池的瞬間，傾盡全力的決心。

從外人看來，游泳選手在比賽時忙著往前游，顧不了其他，實際上，隔壁水道的選手做出什麼動作、腳踢得多大力、前進了多少、有沒有出現疲態等，都能看得一清二楚。我感覺這次比賽和往年沒什麼不同，其他選手划一次手臂，我仍然得划兩次，少換氣一次才行。我就這樣邊留意鄰道選手，邊奮力向前游。

但是，我突然感覺對方的速度變慢了，一樣覺得累的我似乎也跟著變慢。然而，每次換氣的時候，我都能聽見隊員和教練的大聲加油聲，平常對我默不關心的他們忽然變得熱烈，我不安困惑，想著「怎麼回事」。不過，我很快地甩開雜念，不換氣地向前猛游，同時，鄰道選手消失在我的視線內。

當我發現視線範圍空無一人，莫名鬆了一口氣，卻也感到害怕，不確定自己還得游多快，也看不見終點，唯一能做的只有閉緊眼睛，使盡最後的力氣，用前所未有的速度游完最後十公尺。

「啪」地一聲，我的手觸碰到感應板，這才睜開了眼，把頭抬出水面。當我的名字出現在電子看板的同時，全場歡聲雷動，我以第一名的成績進入決賽。

我用相同的方式獲得了決賽冠軍。在我打破自己的極限後，晉級了所有比賽，還成為紐西蘭全國青少年錦標賽冠、亞軍的常客。即使累得喘不過氣，我也不放棄練習，突破極限，一次又一次地打破自己創下的紀錄。這是殘酷與辛苦訓練帶給我的獎勵。

在那之前，我總是全神貫注地追逐其他選手，當鄰道選手沒力氣的時候，我也不自覺地跟著放慢速度，從沒超越自己的極限。因此，沒人知道，連我也不知道自己能有多強大。直到之後，我認知到自己比任何人更強大、更快，不再拿自己和別人比較，並且懷抱

傑出人士的早晨習慣

我習慣早起。我靠早起維持樂觀心態與健康體魄。無論在何處，我都努力在清晨五點起床，因為這樣才能在上班前運動，和家人共度早晨時光。

我在清晨登入這個世界之前，搶先解決了累積的電子郵件。
我認為清晨是回電郵的最佳時間，
這個時間打造全新的我，
開始系統化的一天。

人生不是彩排，因此，我們每一天都要全力以赴。不是說你早起努力工作，成功的訊號就會響起。重要的是，你得發揮體內潛力，好讓自己在清晨妥善處理一切。

——維珍集團董事長，理查・布蘭森

CHAPTER 11

讓心變從容的心靈極簡主義

公司曾舉辦過兩行詩比賽，我拿下第一名，當時作的是：別因瑣事，而辛苦。大家都有過這樣的經驗吧？對能糊塗以對的事，過於執著；對不是分內的事，一一確認、修改、更動，結果不得不加班。不是公事，也不是大事，卻不肯輕易放過，投入了大把時間。我們在瑣事上浪費過多的精力與時間。事實上，之所以覺得忙碌，不是因為時間或精力不足，而是心靈空間不足所致。這種時候需要心靈極簡主義。

從大眾熟悉的意義來看，極簡主義意指，丟棄不必要的物品，整理物品以騰出空間的行為。不過，極簡主義也能運用在心靈上。心靈極簡主義意指，把浪費時間的人際關係、內心傷痕、腦中思緒和肩上重擔放下，整理，從而找回心靈餘裕。

請刪除手機上用不到的應用程式，並順道整理社群網站和各種聊天軟體吧。光是斷捨離浪費平時時間的應用程式，就能逐漸整頓好雜亂的心。我為了整頓自己，刪除了社群軟體和聊天軟體。起先，我也很擔心刪除這些應用程式，大家在群組聊天室聊天的時候，我該怎麼辦？萬一緊急需要時，有人想聯絡我怎麼辦？萬一錯過重要訊息怎麼辦？這些應該是大家在嘗試極簡主義時最常煩惱的情形吧？就像扔了書架，書該放哪好一樣，煩惱某個東西說不定以後能派上用場。

這些都是杞人憂天。一開始我擔心錯過訊息，一天到晚盯著手機，直到醒悟不管看再久，都不會跳出提示後，我變得不再好奇。如果有我非知道不可的事，對方會想盡方法找到我的。

像這樣，在我斷捨離一個又一個舊習，整理掉不必要的對話與動搖我的誘惑，找到煥然一新的一天，回歸輕鬆的生活。極簡主義為心靈帶來了空間，我能好好地取出堆積在心中的憂慮，整理一番。

很多人因為太在乎別人怎麼看自己，也很在乎自己怎麼看別人，被人際關係束縛，無法實踐心靈極簡主義。但想成功實踐心靈極簡主義，就一定得整理人際關係才行。

人際關係也需要極簡主義

困住我們的人際關係只會帶來傷痛。如果你一直為滿足他人而忙，把時間花在揣摩他人的想法上，為什麼不果斷地整理掉那段關係呢？如果你能整理掉毫無意義的心理戰，不再勉強自己和合不來的人維持關係，就能一次清空雜亂的心。

我並不是要大家斷絕所有人際關係，或用冷漠、不親切的態度待人。不用做得太極端，只要盡量克制不必要的對話和浪費的能量，就是在實踐心靈極簡主義了。比方說：負面的話聽多了會產生負面能量，你完全沒必要和愛抱怨或製造煩惱的人聊深入的話題，聊一些輕鬆的事，點到為止即可。

有些人出自真心關心他人，總是插手別人的生活，結果耗費掉太多自我能量，也影響了自身情緒。聰明人會克制自己，少管閒事，這麼做對精神健康有益。

另外，如果有些話，你顧及對方想法，覺得當著對方的面說他會生氣，那麼，在他背後也不要說。當有個人在背後吐露對某人的不滿，我們一開始可能會產生共鳴，到後來只會默默覺得：「你在背後說他閒話，跟他是半斤八兩。」一時抱怨一時爽，並無法解決問題，只是浪費時間而已。

心靈極簡主義使我的心變得堅強，自然把擁有健康心靈的人吸引到身邊。我和傷害我、帶給我痛苦的人保持距離，只留下尊重我、與我擁有相近價值觀的人。自從我實踐心靈極簡主義後，有了驚人的發現。那就是除了人際關係之外，人生其他領域也開始出現成果。這才恍然大悟，過去把時間與精力消耗在不必要的事上，對我造成的影響有多大。

「有真律師，妳今天中午有約嗎？」

「是的，今天中午不能一起吃飯了，明天中午可以。」

「啊，妳和誰約了？」

「我和自己有約。」

這是我和公司同事之間常見的對話。對於我的回答，他們從一開始的慌張，慢慢地習以為常。像這樣，當我重視自己的時間，別人也會跟著尊重。

假如你晚上想學日文，朋友卻突然約吃飯，說有事想說；或者下班安排了瑜伽課，同事卻要你等他一起下班；或者週末去咖啡廳，享受一個人的閱讀時光，偶然巧遇朋友邀你併桌聊天；又或者中午計畫好去健身房，上司卻邀你吃午餐。

我以前也覺得「今天有約，改約明天吧」，這句話很難啟齒。我不懂「我現在有急事，明天再聊好嗎」為何會帶來深深的內疚感？說「今天要提早回去」，到底有什麼好難為情的？說「組長，今天我不能參加，下次再一起吃飯吧」時，又為什麼要看人臉色？

說不定這些不可避免、又令人不自在的職場瑣事，是我喜愛清晨起床的原因。不過，請別誤會，我不是說清晨起床，從此就沒有人際關係的困擾，只是實踐清晨起床，讓我學會主動克制公司聚餐和晚餐約會的次數。

在維持人際關係方面，我們不該給自己太大壓力，把拒絕邀約帶來的尷尬氣氛，想成適應新生活的必經過程。把自己的日程看得比和別人的約會更重要，並不奇怪。試想，如果有人對你說：「我今天有事，不能見面了。」你會因此傷心嗎？應該不會。反之，假如你考慮到對方的立場，特地取消了原定計畫和對方見面，對方不知道你原本有什麼計畫，並不會對你感到特別抱歉或感謝。

如果說，把自己的日程擺在第一位就是自私，那麼，大家不妨成為自私的人吧。偶爾也有人教訓我「職場生活不是這樣的」「今天放輕鬆，喝兩杯吧」。不過，因為我從一開始就不期望每個人都能理解並同意我的目標與計畫，就算無視這些話，也不會造成不良的後果。

實際上，當我坦白說明拒絕的原因，和對方的關係反而變得更好。舉例來說，我對平常一起吃午飯的同事說：「我要開始減肥了，所以暫時會一個人吃午餐，想吃快一點，早點去健身房。」同事聽我這麼說，受到刺激，跟著運動；我對以前每天見面的朋友說：「我最近要寫書，時間可能會比想像中久，暫時會失聯，你願意體諒我嗎？」朋友說：「書出版了一定要告訴我，我要買。」我對曾經因為不參加晚上聚會而難過的朋友說：

「我決定清晨起床，享受屬於我的時間。對我來說，是非常重要的時間，所以最近想提早回家睡覺。」朋友爽快回道：「妳哪時候想見面，再聯絡我。」

不要用瞬間的快樂交換自我成長的時間。被別人說服、動搖的人生絕不會安穩。我最初也覺得不拒絕是一種對人的關懷。仔細一想，並非如此。那不過是關懷別人更甚於關懷自己，對傷心的自己進行的辯解罷了。

傑出人士的早晨習慣

我每天早上五點前起床，起床後一到兩個半小時我會細細閱讀文章，包括週刊、經濟雜誌、政治媒體評論等。我不上網，只看感興趣的東西。放假時也會閱讀。

我在早上七點會運動四十五分鐘，
主要做有氧運動、輕度重訓與伸展運動。
結束後會喝杯咖啡。
我早上不會餓，所以不吃早餐。

你也可以做到工作與生活平衡，管理心靈、身體、健康、靈魂、家人和朋友的責任，不在別人身上，在你身上。

——摩根大通集團執行長，傑米·戴蒙

CHAPTER 12

這裡不是目的地，是門

我前面提過一些過去經歷。我通過夢寐以求的美國律師執照考試，回到韓國，進入了一家穩定的大企業。奇怪的是，我感到莫名空虛，有時甚至覺得自己可憐。

儘管我實現了夢想，但總感到不安，也不太適應職場生活，晚上經常做著被公司開除或考試落榜的夢，也有被鬼壓床的經驗。搞笑的是，被鬼壓床時，我還問鬼：「我現在做得好嗎？」鬼當然沒回我，只是用力地勒緊我的脖子。

無意間清晨四點三十分起床的那一天，我回顧了過往時光，醒悟到雖然實現了當律師的夢想，卻沒做自己想做的事。我當下很沮喪。

我想在工作上發揮所長，把在學校學到的犯罪學知識用於犯罪調查實務，站在法官與陪審員面前辯論；也想成為刑事訴訟專業律師，寫出鏗鏘有力的書面文件；想成為藝文圈的專業律師，捍衛音樂、繪畫、電影等相關版權與藝術家的作品。

我想當這樣的律師，但卻在南轅北轍的產業裡當大企業的律師。過去幾年，我在美國累積經驗，滿心期許回國能在不同領域大展長才，所以才對現狀感到不滿。

理智告訴我，人生不是想幹麼就能幹麼，但內心卻不這麼想。我一直堅信只要下定決心做一件事，一定就能完成，然而，我回到韓國沒能依循信念而為。為此，我下了一個萬分艱難的決定——暫時保留夢想，在現在的領域描繪另一個夢想。

在轉換思維之後，我開始思考自己有沒有善盡職責、有沒有拖延被交辦的工作、工作效率對不對得起我拿的薪資，並且重新定義了現在這份工作的價值。

不可否認，目光放得長遠之後，我發現現在的公司業務多元，對每個從美國回來的律師來說，都是值得學習與累積的經歷，其中不乏好機會。最重要的是，這裡提供了我發揮所長的空間。一想到現在的工作不是夢想的結束，而是另一道開啟夢想的門，職場生活便不再使我不安，反而變得從容、愉悅。

夢想會改變

我剛考入法學院的時候，身旁朋友都為了將來能成為專業法律人而用功讀書。現在回頭一看，大家在法學院畢業後都過著不同的生活。有朋友結婚，生了可愛的小孩，成為家庭主婦；有朋友覺得自己不適合法律界，進入服務業，開了店；有朋友成了顧問；有朋友成為職業軍人。無論大家過去在法學院的成績或經歷如何，現在都啟程尋找專屬自己的幸福。

你小時候想做什麼？總統、太空人、科學家……諸如此類，答案形形色色，而你現在還想做那份工作嗎？有人的答案是肯定的，也有人的答案是否定的。夢想是幫助我們成長的動力，而不是限制。就像那些走上了不同道路的法學院朋友一樣，走在和過去目標不同路上的我，可以透過學習與經驗，改變夢想。

如果你只專注於一個目標，會容易疲憊，也會錯過許多上天賦予你的好機會。沒人知道未來正在朝哪個方向發展，也沒人知道自己現在是追夢失敗，還是正在朝更大的夢想邁進。

所以，當你為過去的夢想耿耿於懷、感到鬱悶的時候，請承認夢想是會改變的，不斷地觀察上天發來的訊號吧。答案，意外地好找。

傑出人士的早晨習慣

我早上五點起床，邊快走四十五分鐘，邊安排當天行程。我會聯絡祕書、發感謝郵件給贊助者，掌握昨晚發生的最新時事。運動結束後，我會看三、四份報紙看到九點。在我的時差裡，九點就跟普通人的中午時間差不多。

過去幾年，我把巧克力冰淇淋當早餐吃，
對我來說，它和早晨咖啡沒什麼兩樣，
巧克力味道越濃越好。

我們還有發展空間，應當承擔起人生的每一面。

——美國眾議院議長，南西・裴洛西

CHAPTER 13

現在是尋找微小幸福的時候

「你現在幸福嗎？」「你什麼時候最幸福？」大家被問過這種問題嗎？大多數的人被問到這種問題會回答：「沒有特別幸福的時候，不過也沒有活在地獄。」

幸福的定義，因人而異。過去我認為幸福就是做自己想做的事，以為擁有想擁有的一切、身體感到舒服才是真正的舒服。不過，現在明白了，當我做自己不想做的事、經歷不得不做的事時，才能感受到真正的幸福。

比方說，上班高峰時擠公車可能不那麼幸福，但是經過高壓轟炸一整天，回家洗完澡，躺在床上的短暫瞬間，會感到幸福。某些東西會隱隱約約地發光，我們只有在黑暗中才能看見。同理，只有在做完不想做和不得不做的事後，我們才能感受到存在於他處的幸福。

如果你現在覺得很無聊，有可能是剛好沒發生好事，但也有可能是你沒時間去尋找日常的微小幸福。這種幸福很渺小，不刻意尋找就無法找到。

我們平日汲汲營營於「這輩子」的人生，但就算平日再累，還是會在週末起床學東西、見朋友、運動或享受興趣愛好。我想我們之所以如此，理由應該都差不多吧？都是主動投資時間想尋找屬於自己的幸福。所以說，如果你平日除了學習和工作之外，還會把時間投資在其他事上，那麼，請你也投資時間在感受自己的幸福上。

哪怕只有短暫瞬間，讓自己擺脫疲憊的日常，專注感知內心的幸福，人生就能起變化。無論遇到的事多困難，心情多憂鬱，現實多不開心，請養成習慣規畫出該做的事，以及讓自己變幸福的時間吧。

不要把幸福延後

在準備考律師時，我想著「現在要讀書」「明天要上課」「下禮拜要考試」，認為健康、快樂和休息等能讓我幸福的事都是奢侈，把很多事延後到考上之後。

當時對我來說，最重要的就是考上律師。我忙讀書沒空運動，相信自己一考上律師，就會有空減肥，恢復健康，也能享受之前沒能享受的興趣愛好，還能學習新東西，自我增值。

還有，當時我為了讀書，不和家人、朋友聯絡，也相信考上律師後，多的是時間與愛的人相處。我深信只要通過考試，找到理想工作，開始賺錢，就能過想過的生活。

現實並非如此。藉由準備考試學到的僅只是讀書技巧，考試結束並非學習的終點，不管日後從事什麼工作，想成長，就不能停下學習的步伐。

現在喊著沒空運動的人，日後成了上班族，晚上要加班和聚餐，更沒空運動。就算偶爾提早下班，也會拿上班好累當藉口，拖延運動。我就是這樣，一拖再拖，從一星期頂多運動一次，到最後覺得運動讓我更累，又對健康沒幫助，索性不運動。

興趣愛好和自我增值也是同樣的道理。原本不懂得享受興趣愛好或利用時間自我增值的人，不可能一上班賺錢就突然開竅。這些人當上班族後的興趣愛好，只剩下陪上司打高爾夫球，學習只有上班會用到的Excel、Word、Powerpoint。

人際關係也是如此。因為讀書，少和珍貴的家人聯絡的人，不可能一上班就和家人恢復親密互動。他們和家人變成一年見一、兩次面，見面時送孝親費，就覺得自己盡了孝。

當我領悟到這個事實，決定捨棄「等做完這件事再做」的想法，不把人生所需的微小幸福延後。我希望透過考試，找到理想工作、實現夢想後的自己，和現在的自己不會有太大的不同。

我的清晨很幸福。上班時間一定會有工作壓力，犯了錯一定會被罵，工作一定不會盡如人意，透過專屬自己的凌晨時光，我享受微小的幸福。

不只清晨才能找到幸福，還有很多發現微小幸福的方法，既不宏大也不困難，希望大家藉此機會，創造出讓自己感受到幸福的時光。

首先，離開讓你感到煩躁或有壓力的空間或環境，創造幸福的時間吧。比如說：你整天都待在同一個空間裡讀書和工作，是否考慮暫時離開電腦與書本，去登山，呼吸山林間的新鮮空氣，轉換心情呢？如果不想出門，要不要在靜謐的清晨房間裡，點起香氛蠟燭呢？

如果你現在正為考試或就業類的重要目標奔跑，抽不出太多時間，那麼去除為目標奔跑的時間，調整要事所占的時間比例，每天留一小時投資自己吧。時間再短也沒關係，請試著做「實現夢想後再做」的事。

我建議大家列出感到「幸福」或「感謝」的時刻，不要只是被動地感知幸福，主動替自己製造幸福時刻，讓它更常發生。舉例來說，如果吃美味的蛋糕能讓你感到幸福，那就把吃蛋糕排入當日行程；如果騎單車能感到幸福，那當天起碼騎一下吧。

當你養成「現在沒空」或「等完成現在這件事以後再做」的習慣，很快就會累得離夢想越來越遠。請立刻起身尋找幸福，照顧好身體健康、養成規律運動的好習慣、培養帶來快樂的興趣愛好、和珍貴的人創造回憶。唯有如此，你才能在實現現在的目標之後，再接再厲，向下一個目標前進。

傑出人士的早晨習慣

我早上四點三十分起床，然後去健身房。我的專注沉浸狀態和運動時間成正比，運動帶來的成就感，讓我把自己推向更高的境界。

我的早餐是炒蛋、火雞香腸，
和新鮮的葡萄柚。
健康減肥不取決於剝奪，而是均衡與節制。
我會告訴孩子，
每一餐盡可能都吃到蔬果，
如果他們辦到了，我不介意他們去吃披薩和冰淇淋。
真正的問題往往發生在人們養成獲得補償的習慣時。

我每天的首要任務是保持身心健康，所有的例行公事都與此一目的相連。

——前美國第一夫人，蜜雪兒．歐巴馬

PART

4

改變人生的早晨計畫表

CHAPTER 14

通過律師考試的祕訣：再次挑戰的時間計畫表

在美國喬治亞州律師考試放榜的那天，我整天坐在電腦前，拚命刷新放榜頁面。那時，我在美國喬治亞州聯邦法院做了一年的契約職，恰好那天有重要判決，我不得不努力藏起顫抖的手，聚精會神地處理工作。

就在那時，我收到了成績通知郵件，看第一段，我就知道自己落榜了，心情登時跌落谷底。

該把落榜消息告訴誰？又該如何開口？要是現在一起工作的法官趕我走怎麼辦？我要回韓國嗎？下禮拜的律師事務所面試該怎麼辦？以後更沒時間讀書了，我的未來該怎麼辦？混亂的大腦讓我失去了判斷能力，在感到恐懼之前，先流下了淚水。

坐在身邊的法官從我的表情猜出結果，說道：「吃完午餐再繼續。」中斷了審判。接著，法官把包括我在內的所有工作人員叫進房間說：

「今天我請大家吃好吃的午餐。」

法官也安慰了哭泣的我：

「有真，我不知道這樣說能不能安慰到妳，不過，美國前總統夫人蜜雪兒．歐巴馬也沒有通過考試。我聽說現在和我一起工作的法官中，有人考了三次律師考試。這次考試的結果不會決定妳的人生。」

法官溫暖的安慰並沒有奏效，我的心情仍舊沒好轉，當場放聲痛哭。法官擁抱了我道：

「妳今天早點回家，想哭就哭，等到心情平靜以後再回來上班，我相信妳不會因為一場考試就倒下。」

我投資了幾年青春用功讀書卻落榜，到底是怎麼回事？正因為我相信自己做好萬全準備，也有信心合格，所以更無法接受結果。所有計畫都落空了，看不見未來。我也很想瀟灑地說：「不過是一場考試，沒什麼大不了的。」但想到「準備了這麼久還考不上，算什麼律師」，心情怎麼也靜不下來。

最後我給自己兩個禮拜的時間，每天除了上班，像懲罰自己一樣，足不出戶，失魂落魄地發呆。

我在腦海中排演各種可能，如果放棄考試，我還能做什麼？比起從頭準備法學院三年的內容，更可怕的是時間絕對不夠用。由於簽證的關係，我不能辭掉工作，全力重考。如果真的要重考，必須把工作之外的時間，全部花在讀書上。我真的辦得到嗎？既然已經失敗了一次，要從頭來過，就應該果斷地放棄過去的讀書方式才對。

我左思右想了兩週，決定重新振作重考。這時朋友都已經當上律師，好像只有我落後於人，我對自己念了專屬咒語：

「不要跟同學比，專注在自己的道路上吧。專注吧，專注吧……」

在最糟的情況下，我別無選擇，決心重振旗鼓，再相信自己一次。

在我下定決心重考的那一天，我去文具店買了三張大的白色圖畫紙，在上頭畫上明年計畫表，分別貼在洗手間、客廳和床邊的牆上。

下一次考試是三個月後。一天中，我能讀書的時間只有上班前三小時、中午一小時和下班後四小時，共八小時。我在紙上寫出具體時間表，藉此提醒自己每分每秒都很珍貴。

一月：複習紐約州律師考試
二月：紐約州律師考試
三月：專心工作
四月：紐約州律師考試結果公布（我會合格）
五月：複習喬治亞州律師考試（再次挑戰）
六月：紐約州律師宣誓
七月：喬治亞州律師考試
八月：回韓國
九月：休息與準備就業
十月：喬治亞州律師考試結果公布（我會合格）
十一月：喬治亞州律師宣誓
十二月：就業

從今年十一月到明年一月為止，我的目標是挑戰紐約州律師考試，而不是喬治亞州律師考試（美國的律師考試會分州舉行）。這是因為紐約州律師資格證的認知度比喬治亞州更高，有助於將來求職。

美國律師考試共兩日，每一科考試時長三小時。為了應付漫長的考試時間，我養成了一坐下，三小時不上廁所不喝水的習慣。

在清晨的三小時，我主要複習前一天學過的內容，及預習當天要學的內容。我會分主題做筆記，以防忘記預習內容，並利用上下班通勤時間與午餐時間默記。下班後以最快的速度吃完晚餐，再解四小時的考古題。

工作與讀書並行，天天讀書八小時的後果是，變得不健康；胖了十公斤；視線渙散；長了粉刺，又因過敏而皮膚流血。

考前一個月，我出現了嚴重憂鬱症與不安症狀，再這樣下去，搞不好會死的想法，使我改變了作息。我把清晨的三小時改為到附近公園慢跑，沒想到運動反倒提高了專注力。在此之前，我一直擔心把時間花在做別的事上，會影響下一次的考試結果，卻不知道這種想法才是令身心變得脆弱的元兇。在讀書與工作的地獄中，清晨運動成了我唯一的逃生口。

時間眨眼就到了二月考季，我到最後一刻都不敢鬆懈，埋頭苦讀。光讀書就累得半死，我還得分心訂飛往紐約的機票，與考場附近的旅館，壓力達到了極限。無論如何，我順利完成了紐約州律師考試。

兩、三個月後才會揭曉考試結果。這段時間全力準備考試，或多或少疏忽了工作，我心懷愧疚，把全副精神轉移到工作上，安靜地度過了三月的生日。我覺得在合格之前，自己沒有開心玩樂的資格。到底是什麼讓我如此不安？

不知不覺，四月到來。結果早就公布了，有些朋友已經收到成績通知，只有我，到晚上七點遲遲沒收到電子郵件。我邊吃晚餐邊胡思亂想，懷疑自己是不是打錯了郵件地址，結果，晚餐不消化，還吞了胃藥。在這段時間，朋友、家人和同事陸續發來簡訊，大家都和我一起在等結果。為了消除不安，我試著躺床，神智卻無比清醒。二〇一七年四月二十六日晚上十一點多，我收到了考試結果。真奇怪，合格的朋友明明告訴我郵件上會寫「恭喜！」，我卻怎麼也找不到那個單詞。我心情跌落谷底，恍惚之間重讀了一次通知書。

「紐約州法律評審委員會恭喜您合格……」

等待已久的合格消息令我淚流不止。比起當上律師的喜悅，我更感謝自己懂得善用零碎時間，獨自忍受不安，不依賴任何人，撐過了艱辛的時光，獲得克服未來一切逆境的信心。如今回想起來，那段痛苦的時光是我送給自己的禮物，要是沒有那段經驗，我永遠不會知道自己有多強大。

我比計畫的更晚考上律師，只不過是紐約州律師，其實，去年喬治亞州律師考試的成績也很高，我很困惑為什麼會落榜。

既然考上紐約州律師，不考喬治亞州律師也無所謂，不過我決定再次挑戰，想知道去年落榜的考試到底有多了不起。究竟是出自遺憾？還是迷戀？或是自己不知不覺間變得強大了呢？我不清楚個中原因，不過，從過去幾個月學到了經驗，知道只要善用零碎時間，工作與讀書並行絕對沒問題，所以沒之前害怕。

多虧準備過紐約州律師考試，準備喬治亞州律師考試比預期來得輕鬆，時間綽綽有餘，加上不用飛到別州應考，經濟負擔相對較小。

就這樣，在我回韓國前一個月，我參加了喬治亞州律師考試。已經考取的紐約州律師資格證就像定心丸一樣，讓我在緊張中不失從容，像是報復當初考官讓我落榜一樣地完成應考。然後，我飛回韓國，等待結果。

合格了。如果我從一開始就通過喬治亞州律師考試，可能會走上和現在不同的道路，我不清楚那條路好不好，不過我經歷了比第一次考試就考上的人更多的痛苦。作為痛苦的補償，我獲得了美國兩個州的律師資格證。

你真的沒時間嗎？

有很多人會抱怨「太忙了，沒時間」「上班就夠忙了……」「我要上課，還要打工」。你是不是感到疑惑，覺得自己好像沒做什麼特別的事，時間卻總是不夠用？疑惑自己一切按計畫行事，為什麼還是有被時間追趕的感覺？

你真的沒時間嗎？如果你有時間滑社群網站卻沒時間讀書；如果你有時間和朋友見面，講別人壞話，卻沒時間運動；如果你有時間悠哉地喝咖啡，卻沒時間處理堆積如山的待辦事項，那麼，你不是沒時間，是沒有創造時間。

你有沒有過下定「今天在通勤路上一定要看書」的決心，把書放進包包卻只滑手機呢？你有沒有過下定決心「今天一定要運動」，準備好了運動服，卻忙著和朋友聊天，把運動延後呢？你有沒有過下定決心「今天要早點下班，享受興趣愛好」，卻拖到六點才急急忙忙地處理工作，結果那天什麼都沒做成呢？如果有，你不是沒時間，是習慣性拖延。

當我決定重考律師考試的時候，我做的第一件事是，計算自己有多少時間能讀書。即使再忙，只要仔細觀察，一定能發現無形中被浪費掉的時間，你只是沒養成善用那些時間的習慣而已。

你也清楚少看社群網站和新聞報導，一天就能多出三到四小時，可是你太不習慣放下手機，當然也就抽不出時間；你也清楚中斷和朋友的對話，就能去健身房，但你不習慣先說再見，當然也就整晚聊不停。也就是說，只要你能有效率地完成分內事，活用剩下的時間就行了。比起實踐計畫，你卻更習慣延後計畫，結果，真的到了執行計畫時，就會變得手忙腳亂。這都是不習慣遵守與自己的約定所致。

我們的身體會按習慣行動，光靠「今天一定要做到！」的意志不夠，還需要環境與動機，幫助身體克服習慣，實現自我增值的原定計畫。

一切習慣得靠自己創造。首先，你需要一個小成功。透過每天實踐一個微不足道的目標，產生「喔，沒想像中難嘛」「能做到好滿足」「幾個月習慣下來，一下子就能辦到了」等的正向經驗，能產生自信。每天拿沒時間當藉口，不斷地推延當天的目標，只會累積失敗經驗，最終落得一事無成。

為了實踐小成功，請把工作以外的時間，全部安排給自己，先創造一個守約的環境。當朋友問「今天能見面嗎？」，請你果斷拒絕，並且讀一行書吧；當你想和朋友聊天時，請改聽音樂，專注在自己身上吧；當你閒得發慌時，不要上社群網站，整理一下房間、電腦資料夾和手機相簿等每天會看的地方。日常習慣從微小的行動變化累積而成。

我並不是說你必須擅長安排時間，才能從中獲得新的時間，而是當你擁有生活的主導權時，才能按自己的想法，有效地優化時間分配。逐步的變化會賦予你動力，從而習慣以自己為中心，履行和自己的約定。你不是沒時間，時間是要創造的。

傑出人士的早晨習慣

我的起床時間會隨季節改變，冬天三點起床，其他季節通常五點起床。我會在鬧鐘響起前睜眼，去廚房喝水、柳橙汁或咖啡，再瀏覽電子郵件和社群網站上的新文章或新聞。但我不會發工作相關訊息。

早上六點三十分，我會站在落地窗旁，
摸貓看日出。
到了七點，花十五分鐘準備上班，
八點半前到公司。

自從我創立公司之後，就習慣凌晨三點半起床，再也睡不回去。金融危機爆發時也是如此。我跟其他企業家差不多，每天過著不一樣的日常，唯一不變的只有起床時間。清晨是我最不受干擾，最有生產效率的思考時間。

——Elevest執行長，莎莉・克勞切克

CHAPTER 15

我的一天從四點三十分開始

就像我前面說的，隔天清晨做什麼，取決於隔天的計畫與前一晚的就寢時間，所以，清晨起床的關鍵在於前一晚。

我每晚都會翻閱計畫表，回顧一天的行程，用黑筆刪除昨天寫好的今日待辦清單。從當天起床時間、上班時間、移動時做了什麼、上班完成了什麼工作、午餐時間做了什麼、下班後做了什麼等，全都寫在計畫表上。

我不是個細心的人，不會寫日記，也不是記錄控。我無法確定明天會過得怎樣，只好單純地檢查當天該做什麼事、有沒有該做卻沒做完的事、有沒有想做卻沒做的事。發現未處理事項時，我會馬上做完，或挪到明天的「待辦清單」中。

我藉由週計畫表，把當週工作重點安排妥當，那一天有沒有認真地完成工作，還是偷懶了，一看就知道。當琳琅滿目的待辦日程全部刪光時，我會產生信心，覺得明天也能和今天一樣，落實「今日事今日畢」。在這裡要建議大家的是，用黑筆直接劃掉已處理的待辦事項，會造成日後回顧的不便，所以如果你希望保留紀錄，最好用細的簽字筆，或在旁邊做個小記號就好。

回顧完當天完成的任務的下一件事就是，把明天清晨到晚上該做的事寫下來，也就是跟自己做一個約定：我要完成這些事。我會把隔天要做的每一件事寫下來，包括每天的例行公事，像是四點三十分起床、準備上班、上班和吃早餐等。因為把瑣碎的小事列進去，晚上打勾完成清單會很有成就感，覺得「完成了很多事」。

如果你不知道早起要做什麼，可以列出多種選項。比方說：你決定根據隔天起床狀態的好壞，來評估要運動或閱讀，就寫上「運動或閱讀」。如此一來，可以根據隔天清晨起床的狀態再做決定，減輕早起的壓力。

不要等到想到做什麼的時候才寫計畫表，沒有特別想做的事，或非做不可的事時，可以試著寫上新的行程，就像寫上和朋友的約定一樣，寫上和自己的約定。凡是平時想嘗試的興趣愛好、簡單的工作，像是整理書桌、打掃房間、整理衣櫃，或和當天行程毫不相干的事，如制定閱讀計畫、寄包裹、訂購手機殼、回郵件等都可以。

最重要的是，不要寫上時間。若有了新的約定或要更改日程，能省去改動的麻煩。舉例來說，假如你安排好要去書店，不用寫「晚上六點半去書店」，只寫「去書店」就行了，利用午餐或下班後的零碎時間去實踐任務。像這樣，前一晚先梳理隔天的待辦事項，自然會發現必須清晨起床的理由，並期待明天的到來。我的一天待辦清單如表1。

為了能在清晨四點三十分起床，我寫完隔天的計畫表會立刻就寢。注意，睡前就寢儀式是為了遵守明日與自己的約定而準備的時間，不用刻意早睡，按自己想睡的時間睡就行了。確保足夠的睡眠時間是好事，只要不是沒有目的地看YouTube或滑社群網站到十一點多，幾點睡都沒關係。

清晨起床，只為了我的瞬間

我的鬧鐘會準時在四點二十九分響起。其實，自從開設YouTube頻道之後，為了拍下鬧鐘四點三十分響起的畫面，我才刻意把原本設為四點三十分的鬧鐘，改成了四點二十九分。差這一分鐘差很多。另外，我設定了鬧鐘起床畫面，它響起的同時，會跳出「起床吧，改變人生」，鼓勵我起床。我承認不是每天起床都會朗讀這個句子，在身體太沉重，怎麼都爬不起來的日子，一恍神就會直接錯過。

每當聽見鬧鐘聲響起，我的內心總會萬般掙扎，「要不要再睡一下？」「清晨起床

起床時間	4 點 30 分	就寢時間	10 點 00 分

REMINDER

-去書店看計畫本
-訂購手機殼

3	4	5	6	7	8	9	10	11	12	1	2	3
下午業務				移動時間	自由時間			就寢時間				

-下午業務

-移動時看書or回郵件
-吃晚餐
-剪YouTube影片
-整理書桌
-（在家）染頭髮
-繳手機月租費
-晚上例行公事（保養）

〈表1〉

日期	X 月 X 日	(一) 二 三 四 五 六 日
目標 / 決心		零碎時間
今天遵守和自己的約定！		- 閱讀

MEMO

明天好像也會做得很好。明天會成為怎樣的一天呢？

我擁有的時間	4	5	6	7	8	9	10	11	12	1	2
活動時間	追加自由時間			移動時間	上午業務				午餐時間		

To Do List

-清晨4點30分起床
-準備專屬自己的時間
-看書或編輯影片
-準備上班
-吃早餐

-在中餐時間運動
-在Pepero Day買Pepero吃
-逛阿拉丁書店

〈圖1〉

前一晚確認計畫表，在鬧鐘響起的五秒內起床。

能有什麼改變嗎？」「今晚又沒約，下班後再做早上想做的事吧？」任憑我堅持了多年的四點三十分早起習慣，內心掙扎卻未曾停過，我必須增強意志力，才能抗拒被窩的甜蜜誘惑，像是「在上班的公車上補眠」「雖然現在很痛苦，可是洗臉、喝咖啡後就會沒事了」「現在起床剪影片，晚上才能上傳」，然後一鼓作氣地起床。以上這些對話都在五秒內完成。

若能戰勝早起這場苦戰，以後不怕有做不到的事。下定決心起床，有好的開始，就實現了今天第一個目標。之後再睡午覺也沒關係。現在最重要的是：起床。

洗臉刷牙是每天晨間的例行公事，也是告知我新的一天開始的信號燈，因為已經融

〈圖2〉

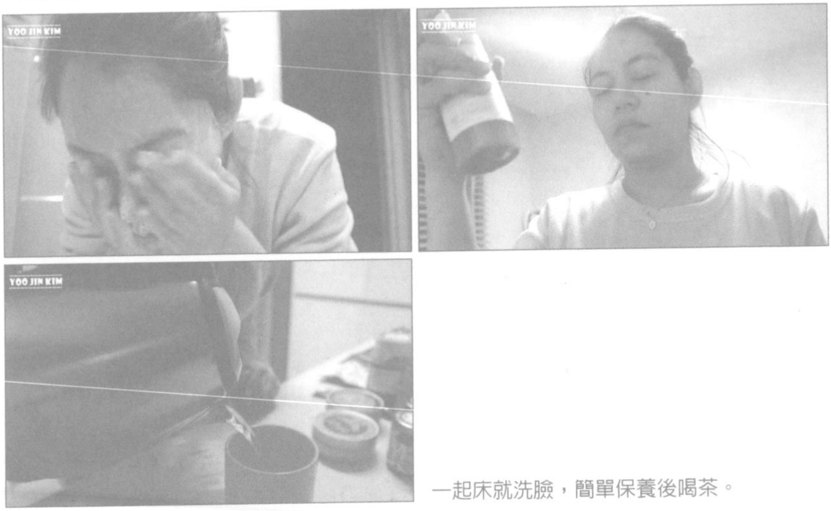

一起床就洗臉，簡單保養後喝茶。

入生活習慣中，下意識地會完成，我也記不清楚詳細的順序，只差在中午不上健身房的日子會多沖個澡。

洗完臉，替乾燥的皮膚擦保溼保養品。我的保養方法別無其他，以早晨能簡單、方便完成為主。

保養工作差不多結束後，我就會去廚房泡茶。晨間茶時光是我享受清晨起床的原因之一。我很少空腹喝咖啡，頂多偶一為之，更愛喝茶，像是水果茶、蜂蜜茶、諾麗果茶、香草茶等。喝茶有助暖和身體與血液循環。我去國外出差都會買當地的茶作為戰利品。

我捧著暖呼呼的茶回房，坐在書桌前聽喜歡的音樂，點起精油或香氛蠟燭，幫助自

〈圖3〉

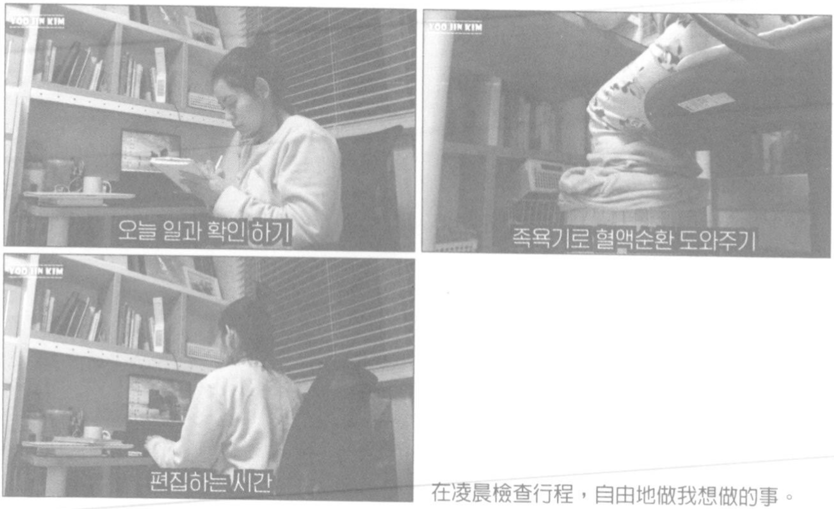
오늘 일과 확인 하기
족욕기로 혈액순환 도와주기
편집하는 시간

在凌晨檢查行程，自由地做我想做的事。

己提升專注力。因為清晨通常很冷，所以我也會用泡腳機暖腳，開始一天的生活。不造成壓力是我安排晨間例行公事的原則，因為早起就夠累了，要是安排太多消耗精力或太複雜的事，會對早起產生逃避心理。再說，接下來的一天就夠忙了。晨間例行公事簡單，卻讓我感覺到對自己的重視，消除對早起的排斥心態與精神壓力，撫慰疲憊的心，從而期待每天清晨的到來。

從清晨四點三十分到準備上班為止，完完全全地屬於我的時間，我可以剪輯要上傳到YouTube的影片、讀書、運動、處理未完成的公事，或挑戰最近感興趣的事情。我最近對Photoshop、繪畫、平面設計等線上學習課程很感興趣。不管做什麼，只要能在清晨

〈圖4〉

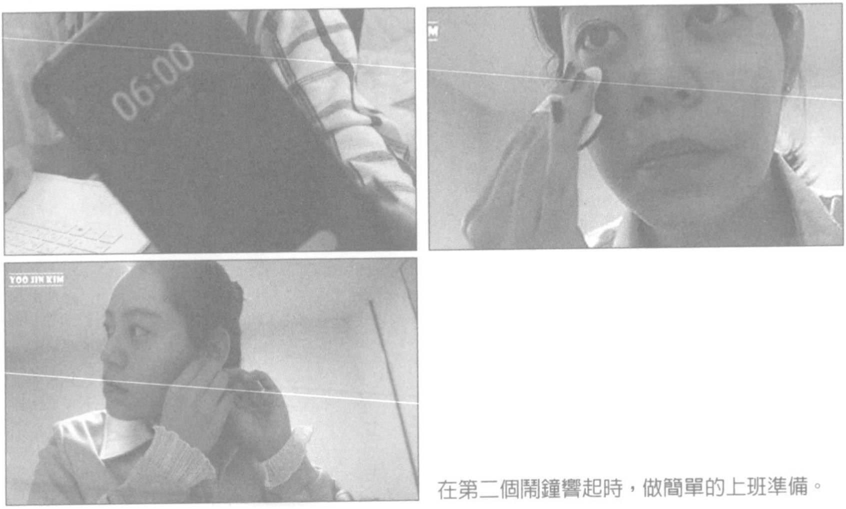

在第二個鬧鐘響起時，做簡單的上班準備。

四點半起床，我就擁有約一個半小時的自由時間。這段時間我完全專注在想做的事上，會覺得時間過得比想像中快。

有時候我會因為太專注而忘了時間。我把第二個鬧鐘設在六點，並盡可能簡化上班準備流程，以確保自己在十五分鐘內換好衣服，收拾好包包，再花個三分鐘化妝和配戴飾品，以便從容不迫地出門，順利搭上六點半的公車。

上班後的另一個我，金有真律師

我在公車上滑手機會嚴重暈車，所以，搭車的時候我會聽音樂或有聲讀物，有時會聽到睡著。因為早晨已經度過了一段有意義的時光，所以我不會逼自己通勤時一定得做什麼，會安心地休息。

因為早起的關係，我到公司一定會和同事一起吃早餐，喝杯即溶熱咖啡後刷牙，正式開始一天的工作。

我作為企業律師，主要負責公司內部的法律諮詢、國際合約、談判、訴訟和仲裁等各式各樣的海外業務。因為上班前擁有了自己的時間，所以上班時間能全神貫注在工作上。

午餐時間我的健康是零順位

我在午餐時間會按前一天計畫去運動。我原本去家附近的健身房，可是下班後身心俱疲，別說運動了，只想躺平。所以，我報名了公司附近的健身房，改成午餐時間鍛鍊兩小時。早餐吃得夠飽，中午不容易餓，不吃也無所謂。要是在午餐運動後有飢餓感，就去咖啡廳吃三明治，或去員工餐廳吃完飯再回公司。

由於每天運動是我的目標之一，所以會根據當天的情況調整運動時間。和同事約好一起吃午餐，或是工作做不完，或另有安排，以致中午無法運動時，我會把運動時間挪到

〈圖5〉

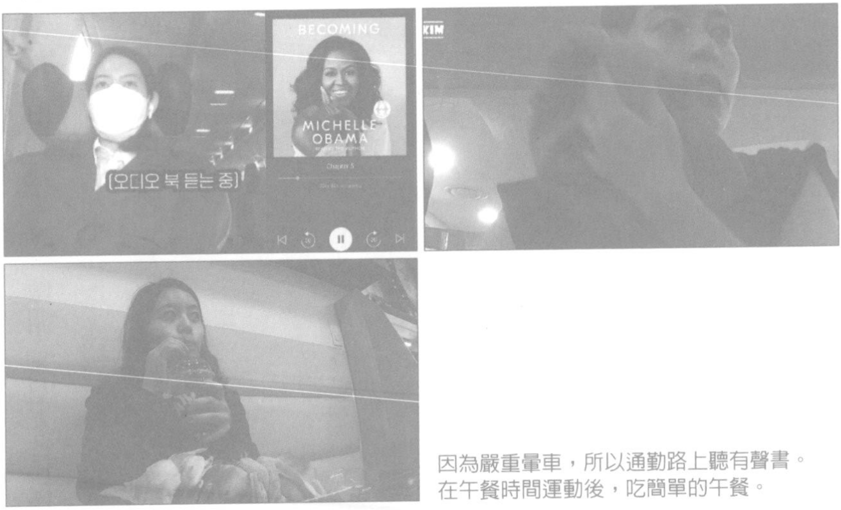

因為嚴重暈車，所以通勤路上聽有聲書。
在午餐時間運動後，吃簡單的午餐。

清晨或下班後。因為人生最重要的是健康，所以我會盡量避免規律的運動習慣被打亂。

下班後的時間

一般而言，從下班到入睡前會有四小時的閒暇時光，扣掉兩小時通勤時間，我回到家約八點，吃個晚餐，休息一下，差不多就過了九點。因為下班後很累，這段時間能做的事並不多，夜晚是睡前儀式的時間，我會換上舒服的睡衣，邊看電視或聽音樂，邊保養因塵蟎與老廢角質而變得乾燥的眼睛和皮膚。這是我送給辛苦一天的自己的特別禮物。在沒那麼累的日子，我會剪自己喜歡的影片，可能有人會說「下班回家幹麼又要做事」，但對我來說，做開心的事就是休息。

十點上床前，我會先檢視今天的計畫表與制定明天的計畫，為新的一天做準備。我的一天，以「我」為中心開始，以「我」為中心結束。

傑出人士的早晨習慣

我在四點三十分起床，因為我喜歡享受比別人早起的勝利感。我會設三個鬧鐘，電子錶、電子鬧鐘和機械錶。老實說，設一個就夠了，但有備無患沒害處。我起床後會快速沖個澡，拍下手錶的時間上傳推特，以激勵自己和他人。

我會穿上前一晚配好的衣服，
去健身房做一小時左右的運動。
視當天的天氣而定，
有時也會去海邊游泳或衝浪，
大概在六點結束運動，洗個澡後就開始工作。
我早上不怎麼餓，頂多吃點堅果代替早餐。

沒必要所有人都在清晨四點起床，重要的是，無論何時，都得起而行。

——美國海豹突擊隊最優秀少校，喬可・威林克

CHAPTER 16

主導一天的計畫擬定法

時間是公平的

每個人的一天都是二十四小時，不過大家使用時間的方法不一樣，有的人每天處理很多事依然從容不迫，有的人每天忙得不可開交卻像在白忙。為什麼會出現這種差別呢？一天過得從不從容，取決於我們是被時間牽著走，還是由自己的意志支配時間。世上沒人能讓時間靜止，不規畫時間，時間照常會流走，因此，我們要正確地設定目標，思考為了實現目標該做什麼，如何管理與支配有限的時間。我的時間規畫方式就是寫計畫表。

請大家在正式實踐凌晨起床前，先做一個日計畫表，讓一天的計畫一目了然，將有助找出被浪費的時間。以我為例，我沒有出差或特別計畫的時候，每天都過著差不多的日常，我想大部分的人應該也是這樣的吧，如果你是學生，上課就是你的日常；如果你是上

〈表2〉

→今天我的起床時間

我擁有的時間	4 AM	5	6	7	8	9	10	11	12	1	2	3	4	5	6	7	8	9	10	11	12	1	2	3
活動時間																								

班族，上班就是你的日常。如果你能區分出自己無法隨意調整的時間、可以調整的時間和移動時間，就能從中找出能利用的零碎時間。

接下來，要說明我實際正在使用的計畫表，其重點在於，我的時間單位大，切成清晨、上午、中午和下班後，而不是切割成幾點幾分的小時間單位。

步驟一　查看起床時間到就寢時間

首先，先來確認從起床到就寢之間，我擁有多少時間。這個二十四格時間軸，是我實際使用的計畫表（表2）。

我的一天從清晨四點三十分開始，到晚上十點左右結束，可能有人會覺得八點才上班，沒必要從四點半開始記錄一天。不過，這不是單純的工作計畫表，而是幫助我實現目標的計畫表，所以最好記下起床時間。像這樣，從我起床的時間，以小時為單

〈表3〉

→ 輪班工作者開始一天的時間

我擁有的時間	6 PM	7	8	9	10	11	12	1	2	3	4	5	6	7	8	9	10	11	12	1	2	3	4	5
活動時間																								

位分格記錄。如果你是晚班工作的人，請參考表3。

步驟二　標出不能調整的時間

就像前面說的，我早上八點上班，晚上六點下班，換言之，從早上八點到晚上六點之間的十一個小時，我必須留在公司裡。這段時間不由我支配。

請大家在步驟一畫出的表中，標出不由自己支配的時間（參考表4）。上班時間屬於每天的固定重複日程，鮮少變動，但考慮到偶爾會有出差、工作量大、意外加班的日子，我還是會每天檢查。

另外，我會在固定日程下方寫上待辦清單。一天中，扣掉上班時間與有特別約定的時間，就是「由我主導的時間」。由於每天的固定日程占用的時間段都一樣，寫計畫表時可能會覺得無聊，但在固定日程裡，我可以按自己的想法，把當天該做的事列在待辦清單上，然後盡量在上班時間內完成，以防耽誤到後面的計畫。

〈表4〉

固定的時間

我擁有的時間	省略	8	9	10	11	12	1	2	3	4	5	6	省略
省略		早上工作				午餐時間		下午工作					
To Do List		-共享工作最新資訊 -回電子郵件 -檢討合約 -擬定草案				-吃午餐 -運動		-跟相關部門開會 -跟海外法人開會 -小組會議					

還有，如前所述，我們公司中午有兩小時休息時間，兩小時能做很多事，我上了剪輯課、程式設計線上課程、經營了YouTube頻道。最近，午餐時間主要拿來運動，不餓時先運動一個半小時，最後半小時再邊吃午餐邊休息。

很多上班族的午休時間和我不一樣，只有一小時。不管是幾小時都好，你可以思考如何利用午休時間。就上班族的職業特性而言，如果你把午休時間視為和同事吃飯聯絡感情的社交方式之一，也沒關係。

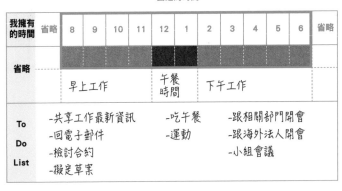

相反地，如果你喜歡一個人度過午休時間，可以簡單吃頓午餐，剩下的時間正適合用來完成某一項待辦清單上的任務。比方說，你那天打算要去書店或去郵局寄信，可以利用午休時間完成。善用每一天的零碎時間完成當天待辦事項，能減輕那天的負擔。

另一個小建議是，你不用每天午休時間都做一樣

〈表5〉

		固定的時間								剩下的時間			
我擁有的時間	省略	8	…	11	12	1	2	…	6	7	…	10	省略
省略		早上工作			午餐時間		下午工作			自由時間			
To Do List		-共享工作最新資訊 -回電子郵件 -檢討合約 -擬定草案			-吃午餐 -運動		-跟相關部門開會 -跟海外法人開會 -小組會議			-吃晚餐 -剪影片或寫書 -下班路上閱讀 -就寢儀式			

的事，可以一天和同事吃午餐、喝咖啡，一天自己快速地吃完飯，去運動或閱讀，變著花樣來，不但能消除無聊感，還能享受到自我進修的樂趣。

步驟三　確保剩餘時間中的可用時間

接下來是確認自己有多少自由時間。請藉由表5，確認自己從固定行程時間段結束到就寢之前，有多久的自由時間。

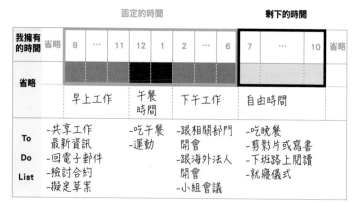

以我為例，在沒有安排其他行程的狀況下，從六點下班到十點就寢之間，有四小時，再扣掉兩小時的吃飯和通勤，完完全全屬於我的自由時間有兩小時。

我希望這段時間能變成由我主導的時間，因此，在前一晚寫隔天計畫表時，我會刻意將想做的

〈表6〉

		固定的時間								剩下的時間			
我擁有的時間	省略	8	…	11	12	1	2	…	6	7	…	10	省略
活動時間		早上工作			午餐時間		下午工作			自由時間			
To Do List		-共享工作最新資訊 -回電子郵件 -檢討合約 -擬定草案			-吃午餐 -運動		-跟相關部門開會 -跟海外法人開會 -小組會議			-吃晚餐 -剪影片或寫書 -閱讀 -回電子郵件			

事安排在這段時間內。這不是特別規定，純粹是個人偏好。

「由我主導的時間」的重點在於，不用特別指定完成的時間。上班族下班後洗澡，吃完晚餐休息一下，大概都八點了，如果在前一天規定自己七點半到八點半必須學日文呢？我們會想著「既然已經晚了三十分鐘，學日文明天再說吧。」反之，要是原定計畫是「只要在就寢之前完成該做的事，不拘完成時間」，反而不會感到壓力、嫌煩，能順利完成目標。

此外，不要寫不切實際的待辦清單，把自己逼得太緊，很可能引發倦怠，只要能完成平常推遲一到兩件的任務，就足以引起明天的變化。在一定程度上熟悉了自己一天的大致行程後，再逐一追加行程也是個不錯的方式。

如果當天待辦事項上有「閱讀」或「回電子郵件」等事項，我會利用通勤時間完成。雖然上班搭公車會暈，不能閱讀，不過下班搭地鐵相對平穩，沒有暈車困擾。

天天下班後都有四小時的自由時間當然好，不過，加班、公司聚餐或晚上有約總是難免的。就算你不是上班族，肯定也很常遇到晚上排不開時間，臨時被打斷計畫。這種時候怎麼辦？以下我會用加班的日子、公司聚餐和熟人約好吃晚餐為例，進行說明。

回顧過去幾個月的計畫，我在下班後的自由時間裡最常做的事有七件：加班、跟朋友吃晚餐、運動、從事興趣愛好、讀書、寫稿、休息。其中，加班、和朋友吃晚餐是偶發事件，從事興趣愛好、讀書、寫作與休息屬於晚上例行公事，所以，我在就寢前安排隔天計畫時，會把晚上自由時光要做的事分成兩類，一是例行公事，一是一定得完成的事。

首先，我把晚上的例行公事，同時也是進修目標寫在計畫表上，包括運動、從事興趣愛好、閱讀和休息等。表7中，我以「下班路上閱讀」與「就寢儀式」為例。寫上晚上例行公事後，就算沒有自由時間，一定會抽空完成。而且寫出預定完成的目標後，下班後不管多想休息也能打起精神，拋棄「自由時間就該大玩特玩才對」的想法，大幅提升目標

〈表7〉

<加班的日子>

		固定的時間								剩下的時間			
我擁有的時間	省略	8	…	11	12	1	2	…	6	7	…	10	省略
活動時間		早上工作			午餐時間		下午工作			自由時間			
To Do List		-共享工作最新資訊 -回電子郵件 -檢討合約 -擬定草案			-吃午餐 -運動		-跟相關部門開會 -跟海外法人開會 -小組會議			-吃晚餐（買沙拉） -加班工作（檢討A項目、寫報告、檢視合約） -下班路上閱讀（看完《Love does》） -就寢儀式（敷面膜、晚上11點前就寢）			

〈表8〉

<公司聚餐的日子>

		固定的時間								剩下的時間			
我擁有的時間	省略	8	…	11	12	1	2	…	6	7	…	10	省略
活動時間		早上工作			午餐時間		下午工作			自由時間			
To Do List		-共享工作最新資訊 -回電子郵件 -檢討合約 -擬定草案			-吃午餐 -運動		-跟相關部門開會 -跟海外法人開會 -小組會議			-公司聚餐（9點前離開） -下班路上閱讀（看完《Love does》） -就寢儀式（敷眼膜）			

〈表9〉

<午餐有約的日子>

		固定的時間								剩下的時間			
我擁有的時間	省略	8	…	11	12	1	2	…	6	7	…	10	省略
活動時間		早上工作			午餐時間		下午工作			自由時間			
To Do List		-共享工作最新資訊 -回電子郵件 -檢討合約 -擬定草案			-午餐約會		-跟相關部門開會 -跟海外法人開會 -小組會議			-運動 -吃晚餐 -下班路上閱讀（看完《Love does》） -就寢儀式（敷眼膜）			

實現率。

大家都記得我會利用午休時間上健身房吧？這是臨時更動行程的另一種情形。可能是因為我從小養成了規律運動的習慣，一天不動就渾身難受，遇到和同事約好中午一起吃飯，不能運動的日子，我會根據當天行程，改到晚上運動。

步驟四　確保追加的自由時間

人生不如預期，很多時候，我們拖著疲憊的身軀下班，坐在擠滿人的地鐵回家洗澡，吃完晚餐就根本不想動了吧？很多時候卻有許多不期而至的聚會，要是次次拒絕就得看人臉色，即使想一吃完飯就回家，卻往

〈表10〉

	追加的自由時間	固定的時間	剩下的時間	
我擁有的時間	4 … 7	8 … 6	7 … 10	省略
活動時間	追加的自由時間	工作時間	自由時間	
To Do List	-早上4點30分起床 -刷牙&洗臉 -擁有只屬於我的時間 -喝杯熱茶 -剪影片or寫書 -吃保健食品 -準備上班		-剪影片or寫書 -通勤時閱讀 -吃晚餐 -就寢儀式	

往事與願違。

就像前面說的，我把清晨稱為「由我主導的時間」，剩下的時間稱為「交給命運的時間」。因為在沒人打擾的早晨，我可以完成各種預定想做的事，但在其他時間裡，計畫總是趕不上變化。

為了把自己放在第一位，我們不應該把自己想做的事安排在剩下的時間，應該主動為自己安排時間。早晨是我們被外務所擾之前能擁有的自己的時間，也是我為何早起的理由。

隨著過什麼樣的早晨，那一天我所剩下的時間會不同。我的計畫表裡把早上起床到上班之前的時間稱為「追加的自由時間」，我會寫出在這段時間的待辦清單，詳見表10。

當早晨變成我的專屬時間時，我再也不擔心意外變數或遇上工作得帶回家做的日子，打亂原定安排。請看〈加班的日子〉計畫表，我在那一天完成的事反而比平常多。

以公司聚餐日來說，由於公司聚餐通常介於晚上六點半到九點之間，我不喝酒，所以聚餐結束後也能清醒地在回家地鐵上做事情。所以，每當遇上公司聚餐日，我會把清晨調整成剪當週預定上傳影片的時間，改在下班地鐵上閱讀。萬一聚餐時間過長，因為遵守與自己的約定更重要，我會理直氣壯地說：「我有事先走。」

偶爾也會有約會取消的時候，那時，我會從待辦清單中挑一件事做。舉例來說，我在清晨提前做完運動，以應付中午的約會，沒想到中午約會取消了，我會改在午休時間剪輯影片、學習或閱讀，不會坐視時間白白流逝。

我希望大家不要有壓力，不用覺得早晨一定得做什麼。早起所獲得的獎勵時間是精進自我的時間，不像有壓力的上班時間。早晨剪不完的影片，我會留到晚上或午休時間再完成。早晨什麼都不做，只是安靜地放鬆休息也沒關係，經過晨間充電，到公司發揮能量也很好。

〈表11〉

<加班的日子>

	額外的空閒時間	固定的時間	剩下的時間	
我擁有的時間	4 … 7	8 … 6	7 … 10	省略
活動時間	追加自由的時間	工作時間	自由時間	
To Do List	-早上4點30分起床 -刷牙&洗臉 -擁有只屬於我的時間 -喝杯熱茶 -剪影片or寫書 -吃保健食品 -準備上班		-吃晚餐 -加班（檢討A項目、寫報告、檢視合約） -在下班路上選影片BGM or 閱讀 -就寢儀式（敷面膜、晚上11點前就寢）	

〈表12〉

<公司聚餐的日子>

	額外的空閒時間	固定的時間	剩下的時間	
我擁有的時間	4 … 7	8 … 6	7 … 10	省略
活動時間	追加自由的時間	工作時間	自由時間	
To Do List	-早上4點30分起床 -刷牙&洗臉 -擁有只屬於我的時間 -喝杯熱茶 -剪影片 -吃保健食品 -準備上班		-公司聚餐（9點前離開） -下班路上閱讀（看完《Love does》） -就寢儀式（敷眼膜）	

額外獲得的時間是心靈緩衝劑。因為就算下班後累翻什麼都做不了，一想到早晨完成的任務，就能安心，更不用說如果當天把握早晨時間，精進學習，下班回家就能悠閒地享受夜晚時光，結束一天。

在習慣了晨間生活後，還能在早起的基礎上，延伸出其他興趣。讓我拓展新領域的能量，是清晨四點三十分起床所獲得的獎勵時間，送給我的禮物。

綜合以上過程形成了我的一天：用屬於我的清晨時間開始一天，利用午休空檔吃好吃的午餐和做運動，下班後從事興趣愛好，再安心休息，結束一天。明天又會是怎樣的一天呢？我每晚都期待著明天。

傑出人士的早晨習慣

我每天早上四點起床，七點到公司，從沒九點前還在睡。據說睡眠是神賜給人類的禮物，我沒收過那份禮物。

當我還是孩子的時候，社會風氣過於保守，
我所做的一切都在打破框架。
我在搖滾樂團演奏過，爬過樹，
爸媽看見那樣的我總是說：
「他到底在搞什麼？」
我至今叛逆不改。
我的口頭禪是，別只是坐著，行動起來吧。

你必須意識到世界時時刻刻都在變，每天早上保持警覺地起床，為了取得勝利，你必須比任何人更快、更迅速。

——百事公司前執行長，盧英德

起床時間	4 點 30 分	就寢時間	10 點 00 分

REMINDER

-致電銀行（031-000-0000）
-繳健身房置物櫃費用（3萬韓元）
-打聽民間證照資訊
-繳手機費　　-帶運動服

3	4	5	6	7	8	9	10	11	12	1	2	3

下午業務	自由時間	就寢時間
-相關部門會議 -海外法人會議 -小組會議	-吃晚餐 -皮拉提斯/舞蹈課 -剪YouTube影片 -整理書桌 -（在家）染髮 -繳手機費 -就寢儀式（護膚）	

〈表13〉

日期	X月 X日	(一) 二 三 四 五 六 日

目標／決心	零碎時間
清晨是我主導的時間，其他時間是命運主導的時間	-聽有聲書 -閱讀or回郵件

MEMO

今天也努力把自己放在第一位

我擁有的時間	4	5	6	7	8	9	10	11	12	1	2
活動時間	追加自由的時間				上午工作				午餐時間		
To Do List	-凌晨4點30分起床 -擁有只屬於我的時間 -閱讀or剪影片 -準備上班與上班 -吃早餐				-分享工作最新資訊 -回郵件 -檢討契約 -擬定草稿與上報				-運動 -吃午餐（員工餐廳） -致電銀行		

結語

清晨，種下變化種子的時間

十年前，我告訴朋友要寫一本「激勵大家成為律師」的書，十年後，我完成了目標。直到完稿，我都沒有真實感。雖然有明確的出書目標與意志，但太多疑惑令我滿心忐忑，該寫什麼好？我真的能寫出自己的書嗎？誰會讀我的書？

不過，我認為穿越黑暗的隧道才是真正的挑戰，我很享受寫書的過程。任何的挑戰都會有成果。無論是誰，因接觸一份新工作感到不確定、恐懼與不安都是必然的。這是每個人面對認真的夢想時，很正常也很理所當然的現象。我們不該讓這些情緒成為停止挑戰的理由。

希望你讀了這本書，能期待今後不一樣的自己。無論你選擇在四點三十分或六點起床，我都希望你能離開自己的舒適圈，投資早晨一、兩個小時，往前奔跑。在過程中，你將認識到過去不認識的自己。

當你感到孤單、沮喪和疲憊時，請重讀這本書吧。不要只用眼睛看過，果斷地畫下底線，替書折角，寫筆記。與其期望他人安慰你，能打動內心的真正安慰，只能靠自己給，這本書會讓你學到如何把自己放在人生的優先位置，找出真正適合你的生活習慣。

如果你現在沒有擅長做的事，也沒有想做的事，請藉由早起的習慣，逐一創造吧。當人們開始學習，發憤，努力創造更好的自己時，才會發現真正的自己。人無完人，使之完整，是我們生在世上所能享受的幸運與權利。

當你感到無精打采，什麼都不想做的時候，希望能透過這本書，種下變化的種子。就算一開始覺得這本書的內容與你無關，但如果你能每天替種下的種子澆水和施肥，種子的根不知不覺間會變深、變長，終有一日會迎來按照你的意志成長的瞬間。我經歷過那一瞬間，當我猛然抬頭一看，看見了一棵朝天空延伸的挺拔大樹，有了「我的人生還算不錯」的想法。

真正的進步不是尋找自己擅長的事，而是承認自己的不足之處，努力成為比昨天更好的自己。即使暫時找不到需要改變的具體原因，也要試著去做，慢慢地養成習慣，小小變化累積起來，將改變你的未來。

還有，我想表達我的謝意。首先，我要把這份榮耀獻給上帝，是祂使一切變得可能。然後，我要感謝相信我能實現夢想、支持我的家人，與一直在替我的新夢想與挑戰加油打氣的朋友與同事。真的謝謝你們！

最後，我要感謝總是讓我的 YouTube 頻道充滿正能量的訂閱者，以及幫我實現夢想的 Tornado 出版社。

附錄

早晨計畫表

計畫表活用法

1. 本計畫表為十二天份。

2. 從現在起，請把書向右轉九十度，就像內文所說，試著寫下一天的計畫吧。在早起準備展開一天之前，先看一下計畫表上的目標。

3. 在結束一天的工作後，請檢查自己是否完成了目標，在備忘錄寫下感想，再寫明天要做的事。

日期	月 日	一 二 三 四 五 六 日	起床時間	點 分	就寢時間	點 分

目標 / 決心	零碎時間	REMINDER

MEMO

我擁有的時間	4	5	6	7	8	9	10	11	12	1	2	3	4	5	6	7	8	9	10	11	12	1	2	3
活動時間																								

To Do List

日期	月 日	一 二 三 四 五 六 日	起床時間	點 分	就寢時間	點 分

目標 / 決心	零碎時間	REMINDER

MEMO

我擁有的時間	4	5	6	7	8	9	10	11	12	1	2	3	4	5	6	7	8	9	10	11	12	1	2	3
活動時間																								

To Do List

日期	月 日	一 二 三 四 五 六 日	起床時間	點 分	就寢時間	點 分

目標 / 決心	零碎時間	REMINDER

MEMO

我擁有的時間	4	5	6	7	8	9	10	11	12	1	2	3	4	5	6	7	8	9	10	11	12	1	2	3
活動時間																								

To

Do

List

日期	月　日	一　二　三　四　五　六　日	起床時間	點　分	就寢時間	點　分
目標 / 決心		零碎時間		REMINDER		

MEMO

我擁有的時間	4	5	6	7	8	9	10	11	12	1	2	3	4	5	6	7	8	9	10	11	12	1	2	3
活動時間																								

To Do List

日期	月 日	一 二 三 四 五 六 日	起床時間	點 分	就寢時間	點 分

目標 / 決心	零碎時間	REMINDER

MEMO

我擁有的時間	4	5	6	7	8	9	10	11	12	1	2	3	4	5	6	7	8	9	10	11	12	1	2	3
活動時間																								

To Do List

日期	月　日	一　二　三　四　五　六　日	起床時間	點　分	就寢時間	點　分

目標 / 決心	零碎時間	REMINDER

MEMO

我擁有的時間	4	5	6	7	8	9	10	11	12	1	2	3	4	5	6	7	8	9	10	11	12	1	2	3
活動時間																								

To Do List

日期	月 日	一 二 三 四 五 六 日	起床時間	點 分	就寢時間	點 分

目標 / 決心	零碎時間	REMINDER

MEMO

我擁有的時間	4	5	6	7	8	9	10	11	12	1	2	3	4	5	6	7	8	9	10	11	12	1	2	3
活動時間																								

To Do List

日期　月　日　一　二　三　四　五　六　日　起床時間　點　分　就寢時間　點　分

目標 / 決心　零碎時間　REMINDER

MEMO

我擁有的時間	4	5	6	7	8	9	10	11	12	1	2	3	4	5	6	7	8	9	10	11	12	1	2	3
活動時間																								

To Do List

日期　月　日　一　二　三　四　五　六　日　起床時間　點　分　就寢時間　點　分

目標 / 決心	零碎時間	REMINDER

MEMO

我擁有的時間	4	5	6	7	8	9	10	11	12	1	2	3	4	5	6	7	8	9	10	11	12	1	2	3
活動時間																								

To Do List

日期	月	日	一	二	三	四	五	六	日	起床時間	點	分	就寢時間	點	分

目標 / 決心	零碎時間	REMINDER

MEMO

我擁有的時間	4	5	6	7	8	9	10	11	12	1	2	3	4	5	6	7	8	9	10	11	12	1	2	3
活動時間																								

To Do List

日期	月　日	一　二　三　四　五　六　日	起床時間	點　分	就寢時間	點　分

目標 / 決心	零碎時間	REMINDER

MEMO

我擁有的時間	4	5	6	7	8	9	10	11	12	1	2	3	4	5	6	7	8	9	10	11	12	1	2	3
活動時間																								

To Do List

日期	月	日	一	二	三	四	五	六	日	起床時間	點	分	就寢時間	點	分

目標 / 決心	零碎時間	REMINDER

MEMO

我擁有的時間	4	5	6	7	8	9	10	11	12	1	2	3	4	5	6	7	8	9	10	11	12	1	2	3
活動時間																								

To Do List

Eurasian Publishing Group
圓神出版事業機構
方智出版社
Fine Press

www.booklife.com.tw　　reader@mail.eurasian.com.tw

生涯智庫 203

我的一天從4點30分開始：
當你酣睡時，有人已醒來實現夢想！

作　　者／金有真
譯　　者／黃莞婷
發 行 人／簡志忠
出 版 者／方智出版社股份有限公司
地　　址／臺北市南京東路四段50號6樓之1
電　　話／（02）2579-6600・2579-8800・2570-3939
傳　　真／（02）2579-0338・2577-3220・2570-3636
總 編 輯／陳秋月
副總編輯／賴良珠
主　　編／黃淑雲
責任編輯／胡靜佳
校　　對／胡靜佳・溫芳蘭
美術編輯／林雅錚
行銷企畫／陳禹伶・王莉莉
印務統籌／劉鳳剛・高榮祥
監　　印／高榮祥
排　　版／杜易蓉
經 銷 商／叩應股份有限公司
郵撥帳號／18707239
法律顧問／圓神出版事業機構法律顧問　蕭雄淋律師
印　　刷／祥峰印刷廠

2022年6月　初版
2024年2月　8刷

定價290元　　ISBN 978-986-175-676-9　　

　　Printed in Taiwan

超速學習者懂得在開始學習前先畫出地圖，也會去學習其他人是如何學會自己想擁有的能力。

——《超速學習》

國家圖書館出版品預行編目資料

我的一天從4點30分開始：當你酣睡時，有人已醒來實現夢想！／金有真 著；黃莞婷 譯. -- 初版. -- 臺北市：方智出版社股份有限公司，2022.06
176面；14.8×20.8公分 --（生涯智庫；203）

ISBN 978-986-175-676-9（平裝）

1. CST：時間管理　2. CST：成功法

177.2　　111005324